D0788293

El aire de un crimen

Colección Autores Españoles
e Hispanoamericanos

Juan Benet
El aire de un crimen

Novela

Finalista
Premio Editorial Planeta
1980

Planeta

© Juan Benet, 1980
Editorial Planeta, S. A., Córcega, 273-277, Barcelona-8 (España)

Diseño colección y sobrecubierta de Hans Romberg (realización de Jordi
    Royo)

Ilustración sobrecubierta: ruinas del castillo de Calatañazor, Soria (foto
    Oronoz)

Primera edición: noviembre de 1980

Depósito legal: B. 32358 - 1980

ISBN 84-320-5536-0 (encuadernación)
ISBN 84-320-6434-3 (rústica)

Printed in Spain - Impreso en España

Impreso y encuadernado por Printer industria gráfica sa
Provenza, 388, Barcelona - Sant Vicenç dels Horts, 1980

I

UNA MAÑANA DE BRONCE apareció el cadáver de un hombre en la plaza de Bocentellas. Durante un par de días el suceso vino a incorporarse a la serie de extraños e inconexos acontecimientos que sucedieron aquel año desde la llegada del buen tiempo hasta mediado el otoño, cuando una precoz nevada cerró los puertos de montaña, incomunicó algunos pueblos y caseríos y canceló toda actividad en los piedemontes de Mantua y del Hurd. En aquellos dos días el hallazgo vino a suscitar, ni más ni menos, las mismas sospechas y levantar idénticas conjeturas que habían provocado durante un siglo (con un paréntesis durante la guerra civil) todos los cadáveres que el monte arrojara en verano, a modo de respuesta a las numerosas miradas de súplica de quienes sólo sabían sujetar la mancera o estrujar un estore cuando el forastero pasaba de largo en dirección a las alturas. Durante dos días se habló de él, pero al cabo de siete, debido quién sabe si al carácter oficial y legal que revistió su exhumación, nadie volvió a mencionarlo. Fue una voluntaria conjura de silencio ¿o más bien una imposición que venía desde arriba, desde nadie sabía o quería decir dónde?

El cadáver apareció en la plaza del pueblo, sentado

en el suelo, la cabeza caída sobre su pecho, cubierta con un sombrero de paja, y la espalda reclinada sobre los sillares de la fuente pila, las piernas extendidas y los pies descalzos y abiertos, señalando las dos menos diez, las plantas negras. El primero en describirlo fue Domingo Cuadrado, propietario de unas viñas y pariente político de Chaflán, uno de los hombres más ricos de aquellas tierras. Era un sábado y se había levantado muy temprano; había cinchado las mulas a la cuba que condujo a la plaza, antes de que amaneciera, para llenarla de agua de la fuente con una manguera y como el caño en aquellas fechas traía poco caudal calculó que tardaría por lo menos una hora en cargarla hasta la bocana. Así pues, arrendó las mulas a un hierro de la pila, comprobó que no se escapaba una gota del enchufe de la manguera al caño y volvió a su casa para desayunarse con un trozo de pan, vino y tocino ante una mañana en las viñas de bastante labor. Su casa estaba en la parte alta del pueblo; en el barrio de las ollas. Con todo —y como el caudal de aquel caño, que tan pronto se secaba como manaba a borbotones, lanzando suspiros de alivio y pena o rugidos de cólera y hasta, al decir de algunos, amenazadores augurios en una extraña lengua anterior a la celta, era todo menos regular— antes de que transcurriese una hora había vuelto a la plaza para medir con una vara el tirante de agua, y cuando ya estaban abiertas algunas puertas y levantadas algunas persianas. Fue a su vuelta cuando descubrió el cadáver que no tomó por tal sino por el cuerpo de algún cualquiera que allí durmiera su borrachera del viernes. A la vista de que la cuba no estaba más que mediada se decidió a esperar con una copa de aguardiente en casa de Modesto, que ya había abierto su establecimiento, había colocado la docena de sillas sobre las mesas y se disponía a barrerlo y baldearlo. Desde el quicio de la puerta de la taberna, sosteniendo el vaso de castillaza, reparó en las piernas. Dio un codazo a Modesto que se quedó observándolas con la barbilla apoyada en el mango de la escoba. Luego se vino a decir que aquella hora escasa en que estuvo ausente fue decisiva, si no para la perpetración del crimen al menos para el traslado del cadáver hasta la plaza del pueblo, ya que Domingo aseguró que no estaba allí cuando aquella mañana se acercó a la fuente por primera vez. El valor de esa afirmación pronto se puso en entredicho —en los comentarios de toda índole que corrieron por el pueblo durante una semana, sobre todo y precisamente en casa de Modesto a las primeras horas de la noche— por cuanto mal pudo verlo la primera vez si tampoco lo vio la segunda teniendo que esperar a situarse en la puerta de la taberna para descubrirlo. En efecto, habiendo llegado al centro de la plaza —una plaza con una pronunciada pendiente— por la calle del Arco, la arteria principal del barrio alto, habiendo arrimado el carro al caño frontero, a duras penas pudo ver un cuerpo acostado contra la parte baja y opuesta del pretil y oculto por él. En privado, Domingo (a quien en seguida llegó esta objeción a su afirmación) se defendió diciendo que antes de arrimar el carro al caño de arriba, había echado un vistazo a los otros por ver cuál de ellos traía más agua por lo que bien podía jurar por todos sus muertos que cuando llegó por primera vez en la plaza no había ni un cuerpo ni un alma. Tampoco esa explicación satisfizo plenamente pues un hombre tan conocedor del régimen de la fuente como Domingo Cuadrado tenía que saber de sobra que, cualquiera que fuera su alocada conducta, sus cuatro caños traían siempre la misma agua, mucha o poca, fresca o cálida, serena o inquieta, silenciosa o rugiente. Como ocurre cuando un asunto grave pende de la verosimilitud de otro liviano pronto el pueblo dividido en dos bandos se vio envuelto en una controversia acerca de la semejanza o disparidad de conducta de los cuatro caños: se llegó a afirmar que traían todo el año la misma agua, que no había dos días iguales, que procedían de cuatro manantiales distintos, que cada uno correspondía a una estación del año, que unos eran de agua para beber y otros para hervir; en suma, que nadie conocía la fuente de la que habían bebido toda su vida, al igual que sus padres y sus antepasados. Y cuando el enigma del cadáver se desvaneció sin quedar resuelto, aún coleó por mucho tiempo el problema de la fuente a la que muchos dedicaron horas de estudio, análisis y discusión, como si se tratara de un objeto caído del cielo, sin historia anterior a aquel tórrido sábado de un julio inquietante y augural.

Una vez solo Modesto siguió barriendo y limpiando el local de toda la porquería acumulada la noche del día anterior. El segundo parroquiano entró a darle los buenos días, mencionando el cuerpo tendido junto a la fuente. Cuando Modesto se acercó a ella por un nuevo balde no fue precisamente la curiosidad la que le llevó a echar un vistazo; ni era un hombre curioso ni tales cosas podrían despertar ya algunos sentimientos ocluidos. Era un hombre ordenado, sumamente pausado, que hablaba poco; capaz de aguantar, con ambas manos sobre el mostrador y breves y pautados signos de asentimiento, la charla insulsa de un parroquiano solitario, mientras sus ojos recorrían el local en busca de un objeto fuera de sitio. Le tocó en la punta del pie que volvió a su posición original con la energía de un muelle; le sacudió ligeramente por el hombro y no se conmovió y solamente cuando intentó alzarle el sombrero de paja, embutido a la fuerza por la nuca hasta aplastar sus orejas, tuvo la sensación de que se trataba de un muerto. No era curiosidad, ni mucho menos; era a lo más el mismo principio, extendido a toda la plaza, que le empujaba a tener arreglado el local para las primeras horas de la mañana del sábado.

Era un hombre joven, de pelo rubio revuelto y tez bastante blanca, con aspecto de extranjero, con los ojos abiertos en mirada convergente. En el centro del cuello y justo debajo del mentón presentaba un agujero negro de bala que había salido por la nuca con un orificio mucho menor. Ambos estaban limpios, sin ningún rastro de sangre ni otra muestra de violencia que un mechón de pelos pegados por un coágulo. Pero tenía un agujero en el pantalón y presentaba una herida de postas en el muslo izquierdo. Cuando lo extendieron en el suelo sobre una manta, y antes de cubrirlo con otra, alguien del corro de hombres y mujeres y niños que lo rodeaban y observaba (sin demasiada curiosidad), dijo: «A ése le mataron mientras dormía.»

La cosa no habría pasado de ahí de no haber bajado, aquel lunes, el capitán Medina con el camión, de paso para Región y hacer algunas compras al pueblo: un par de cochinos, dos sacos de harina y dos de arroz, unas orzas de aceite y unas cuantas vituallas más. Al capitán cada vez se le veía menos; todavía un año atrás tenía por costumbre bajar uno o dos días por quincena al pueblo, amén de los breves permisos de fin de semana que solía disfrutar en Región en la mayoría de esas ocasiones. Cuando se incorporó al puerto —de eso ya hacía lo menos cinco años—, el capitán era un joven animoso, que sin duda escondía el secreto de un traslado muy contrario a su voluntad, probablemente como consecuencia de una falta que en su fuero interno había aceptado con castrense sentido de la disciplina —es decir, sin dejarse arrastrar hacía las sombrías complacencias de la injusticia con que había sido tratado— y estaba dispuesto a purgar sin la menor reserva. Durante cuatro años, su puesto al mando de la compañía destinada en aquella perdida, romántica, semiarruinada y altiva fortaleza había supuesto no sólo un alivio para la tropa sino todo un socorro, un seguro y una promesa de ayuda para la escasa población de los alrededores de San Mamud, en los momentos de tribulación. Con excepción de Mantua y la tenebrosa serranía del Hurd (es decir, no más allá por el este de las faldas del Monje ni más al norte, por el oeste, de la cabaña del Indio, última avanzada de la civilización en el reino de los vaticinios), el capitán Medina había llegado a todas partes con su tropa, bien para rescatar un paisano subido a la chimenea de su barraca cubierta por las aguas del Torce, bien para una batida por el monte, bien para desenterrar un cadáver de los aludes y corrimientos de Socéanos, bien para las requisas y exacciones, bien para llevar agua a una punta de ganado aislada en el desierto durante las tormentas de polvo de septiembre. Además de su buena voluntad y su talante animoso, los mejores atributos (o sus armas más eficaces) del capitán Medina eran dos camiones, un 3HC y un Isotta Fraschini, ambos del tiempo de la guerra, ambos de dos ejes, ambos veteranos no tanto de los combates de Guadalajara, Teruel, La Loma y el Ebro, cuanto de las innumerables agresiones con que el soplete nacional tuvo que prolongar la permanencia en nuestra tierra de aquellas admirables máquinas extranjeras. Nunca se les vio juntos pues para que uno anduviera el otro tenía que estar en reparación. Se parecían a aquel matrimonio·americano que nunca estaban los dos en la misma habitación al mismo tiempo; o como la Piedad y el Orgullo, la Envidia y la Caridad, en sus sucesivas y contradictorias visitas a un alma atribulada; y ambos tenían personalidad (y hasta función) diferentes pues para unos —en apariencia los más— el italiano era el bueno y el rubio el malo mientras que para otros (más escondidos y sibilinos, que en su clandestinidad exagerarían su convicción hasta convertirla en un resentimiento intransigente) era al revés. Y lo cierto es que por lo general el Isotta —con su morro chato, sus dos pequeños faros deprimidos y su oscilante manivela, como la lengua de un perro juguetón— aparecía siempre en misiones de socorro mientras el 3HC —con su extraño parabrisas partido y disimétrico, su línea severa de líneas rectas ortogonales, su aspecto de vencido incólume— lo haría en otras de castigo. Así que cuando envuelta en la nube de polvo de un camino entre lomas de color ladrillo aparecía, como en una alegoría, la radiante cabina del Isotta coronada con cinco cabezas, el paisano bien podía suponer que no lejos de allí algo o alguien estaba a punto de carbonizarse; y si en cambio surgía la línea de crucero del manso y robusto 3HC, con sus bigotes canos bajo el radiador, con los cañones de los fusiles sobresaliendo de las valderas, nadie dudaría en pensar que un recluta se había echado al monte aprovechando las sombras de la noche y obedeciendo, por centeava vez, los consejos de los veteranos de ir a buscar la quimérica libertad siempre hacia el sur, nunca hacia Mantua.

El carácter del capitán había cambiado de unos

meses para acá; apenas se le veía a pesar de acudir puntualmente a su cita con el deber. Pero el deber tiene un talante... y una frecuencia, y en sus no rutinarias apariciones ¿cuántas veces no adoptará el semblante de quien lo tiene que cumplir? Poco a poco se había convertido en un hombre más retraído, algo vencido por el general descorazonamiento que tarde o temprano cundía en todos los destinados de aquellas tierras. En su día se había dicho que el capitán era de otra raza; que gracias a su juventud y naturaleza y dado que su puesto en el fuerte, para cumplir la penitencia de una falta no muy grave, había de ser breve, sería capaz de sobrellevar el trance sin ningún menoscabo, incluso con un brillante historial de méritos que habrían de ayudarle en su posterior carrera. Al principio el capitán parecía consciente de ello y no rehuyendo nada se mostraba siempre solícito, demasiado solícito tal vez; como si hubiera aceptado su destino no tanto como una recompensa pero sí como una oportunidad, no sólo para lavar su falta sino para ver rellena su hoja de servicios con innumerables acotaciones, refrendadas por la vida civil. Pero el entusiasmo provocado por la feliz culpa estaba sin duda condicionado por la brevedad e intensidad de la penitencia que en ningún momento de su cumplimiento había de decaer. Porque, aparte de ello, el capitán era un hombre al que le gustaba la acción, por encima de todo; y que en la acción hallaría su redención y su camino de vuelta a un mundo demasiado querido como para ser añorado. Cuando al cabo de tres años se había familiarizado con un país y unas convicciones extrañas a su educación, cuando aquellas misiones de índole tan especial empezaron a cobrar un carácter rutinario, cuando comenzó a temer que su hoja de servicios no sería ni más ni menos brillante que la de sus compañeros destinados en cualquier regimiento o comandancia, y a sospechar que aquella oportunidad para el sacrificio tenía mucho más de lo segundo que de lo pimero y que en lugar de una breve, intensa y sufrida campaña en un país acosado por la violencia, ante sí se abría un largo destierro en la comarca del olvido, el capitán demostró perder tono para verse, con frecuencia, sumido en las amarguras del cafard regionato. Tal vez de ahí se derivaría su suspicacia hacia los sucesos de aquel verano. A lo que tres años antes le habría empujado a una acción desinteresada e inmediata, ahora replicaría con un condescendiente y mal disimulado desdén, hermano sombrío de la convicción en la intrascendencia del suceso y de la escasa relevancia de su asistencia para que solventado pasara a su hoja de servicios. Con todo y con eso el capitán no era tan sólo un meritorio; a fuerza de tomarse interés por las cosas había cobrado apego al país, se había impuesto en su descalabrada naturaleza, había sabido acotar su topografía social y económica, lo había recorrido a caballo de parte a parte, había logrado hacerse algo popular (en la medida en que lo permite un pueblo tan reacio a esa figura como los propios moros) y hasta había hecho planes; planes, naturalmente, de redención, para un futuro lejano, una vez cumplida su misión en el fuerte.

Pero en su abatimiento había ansiedad, mucha ansiedad, de eso no cabía la menor duda. Se diría que esperaba un suceso de gran magnitud, un acontecimiento que tanto a él como a aquel pueblo les sacase del ostracismo, refutase mil sentencias hasta entonces inapelables y terminara con la maldición de la maldición. Un día llegaría en que las verdades del miedo

13

quedarían desmentidas por los errores de la esperanza y en que aquel pueblo, acaso al recobrar la fe en su progenie y en sus golpes de azada, supiese mantener la misma presencia de espíritu en el esfuerzo que había demostrado en el desánimo. Por eso no podía comprender que los pequeños y misteriosos actos de violencia se sucediesen sin otra razón de ser que su periódica continuidad, sin desembocar en un desastre de mayores proporciones que pusieran fin a tantos siglos de incuria, usura y resignación. Al principio los persiguió con ahínco, sin pasar uno y sin tener en cuenta los resultados que podía tener en su carrera su autotitulación como agente de la justicia, ante la pasividad del semidormido aparato judicial; «porque el entusiasmo jamás calcula los sacrificios que se impone», y aunque nunca lograra encontrar el cuerpo de responsabilidad del delito no por eso dejaría, con sus limitados medios (con su vigilancia, sus dos camiones, a veces con la tropa) de acosarlo hasta los mismos límites más allá de los cuales toda acción estaría siempre envuelta por el silencio y la intocable tradición. Hasta que empezó a decaer, a recibir sin sobresalto la noticia de una muerte violenta, a aceptarla como la pequeña licencia que mantiene la prohibición; a domeñar la indignación, a desestimar la venganza y a acallar todas las voces de protesta de un espíritu que no reconociendo ya otra curación que su próximo traslado, tenía que aprender a esperar. Además se supo que había tenido que soportar otra serie de pruebas; un descalabro en Región, su segunda historia desafortunada de esa clase, la convivencia con un superior al que tenía que vigilar sin poder darle órdenes, la súbita y arbitraria conversión de su fuerte en un penal primero, poco menos que en un prostíbulo después.

II

LA CITA ESTABA ACORDADA para el martes, a primera
hora de la tarde, frente a la Casa Zúñiga como de costumbre. Uno de ellos llegó puntual, los otros no. No
era un lugar ameno para soportar una larga espera a
no ser que el paciente se interesara por las voces de
la Casa Zúñiga o gozase de esa clase de afición que
lleva a un ciego al teatro; el hombre decidió aguardar
fuera, tras echar un trago de agua del cántaro.

La casa estaba situada en la cola del pantano, en la
margen izquierda del río; era una de las últimas de la
ribera —y por consiguiente uno de los pocos lugares
habitados de aquella latitud— en la dirección norte,
aguas arriba de la corriente. De ella partían tres caminos: el que continuaba por la margen izquierda del
Torce hasta el cañón, donde se disolvía en unos cuantos senderos de cabra tallados en ambas paredes, algunos enlazados por el cable oxidado de un abandonado
andarivel minero o un tráctel forestal; el que sin abandonar esa margen trepaba por las lomas en una lon-
gitud de unos diez kilómetros para perderse sin más
en el desierto ante un resto de cerca de espino —dos
postes que marcaban su ancho, un par de alambres

retorcidos, un aviso despintado y alguna prenda vieja enganchada entre las púas— y el que tras cruzar el río por el pontón de sirga, recorría unas pocas vegas de la margen derecha para quedar, a menos de media legua de su origen, cortado abruptamente por los impenetrables escarpes del Hurd. Además de una abandonada y diminuta ermita, con una cubierta de pizarra, adosada a ella, la casa —levantada sobre un poco elevado risco— tenía un estrafalario mirador sobre el río y toda su parte baja estaba ocupada por un amplio y desierto zaguán al que comunicaban unos establos y unos graneros. En el zaguán —solado de grandes losas de piedra de color de cera— sólo había el brocal de un pozo, un banco, algún arnés colgado de la pared y el arranque de una escalera de madera que con su doble vuelta no permitía atisbar nada del piso de arriba. La casa en su día había sido una de las más ricas del lugar, propiedad de una familia que la había habitado sin interrupción a lo largo de varias generaciones; la finca se extendía por los términos de El Salvador, Bocentellas y El Auge e incluía una buena parte de toda la vega izquierda del río entre los dos primeros puntos. Pero el éxodo de la mano de obra, la depauperación de la agricultura, las expropiaciones del pantano e incluso la clausura de las explotaciones mineras la habían llevado al estado actual en que se mantenía gracias a unos pocos cultivos, a las exacciones sobre los excursionistas de verano y a los escasos dividendos del pontazgo. La familia debía seguir siendo numerosa, a juzgar por las voces y las muy diversas prendas puestas a secar sobre la cuerda de la era, pero no aparecía nunca; de vez en cuando en la explanada frente a la casa —donde un caballo sujeto con una maniota acostumbraba a hocicar los yerbajos que nacían junto al abrevadero— una figura femenina corría a esconderse tras una cerca. Sólo resonaban algunas voces procedentes siempre de pisos altos, de patios interiores.

Una hora después de lo previsto llegaban los tipos a su cita, en un coche negro americano salpicado de cromados y faros. El conductor abandonó su asiento y fue a echar un vistazo al río, en busca de peces. Se veía que tenía afición. Los otros no se movieron de sus asientos; solamente el de la izquierda bajó el cristal de la ventanilla.

—¿Dónde está? —preguntó.

—No ha llegado todavía. Supongo que vendrá andando desde su casa. Hay una tirada.

—Habíamos quedado a las cuatro ¿no?

—Hay una tirada desde su casa. Supongo que habrá salido después de comer. Yo creo que no tardará.

—Pintado, lo de menos es lo que tú creas. ¿O crees también que al señor Peris se le puede hacer perder el tiempo? ¿Qué crees tú que es el tiempo del señor Peris?

El otro miró por encima del cristal, con timidez, hacia el interior del coche para volver en seguida sus ojos a sus botas. No tuvo tiempo de ver la cara del señor Peris que fumaba un cigarrillo americano, con aspecto de fastidio, vuelto hacia el otro lado.

—Yo se lo dije bien claro, jefe. Pero hay que entenderlo; esta gente es como es. No crea que ha sido fácil convencerle. No están acostumbrados a estas cosas.

—¿A qué cosas?

—Sí ¿a qué cosas? —repitió la pregunta el señor Peris, volviendo por una vez la cabeza pero el otro no se atrevió a mirarle cara a cara y cuando por fin lo hizo, el señor Peris de nuevo se había refugiado contra el cristal.

—Los negocios. Son gente que no sabe nada de negocios.

—Los negocios ¿eh? Te damos media hora; si en media hora no está aquí se acabó el negocio ¿entendido?

El llamado señor Peris dio un ligero codazo al otro para mostrarle un vaso aplastado de aluminio. El otro abrió la portezuela, con el vaso en la mano.

—¿Dónde hay agua fresca por aquí?

El que había estado esperando señaló la casa Zúñiga, iniciando el camino por delante. Había un olor a yerba fermentada. Cogió el cántaro con ambas manos y llenó el pequeño vaso hasta rebosar, mojándole algo la manga.

—A ver si tienes cuidado. ¿Te das cuenta lo importante que es para nosotros?

El otro rezongó, un tanto retraído.

—Te comprometiste a traerlo aquí. ¿O es que no te encargaste de eso?

El otro apenas abrió la boca, detenido en su estolidez. De un pequeño estuche de plata el señor Peris se echó en la palma un poco de bicarbonato que de un golpe introdujo en su boca. Luego guardó el estuche en el bolsillo del chaleco y alargó la mano fuera de la ventanilla para recoger el vaso y echar un trago. Cuando lo hubo tragado, para enjuagarse la boca tomó un segundo buche que escupió, abriendo la portezuela, a los pies de los otros. Por fin salió del coche, apretándose el estómago y haciendo pequeñas flexiones con el cuello. Era un hombre de poca estatura, vestido de negro, con sortijas, que parecía recortado de un anuncio farmacéutico y pegado al paisaje. Su indumentaria era suficientemente negra como para tener que ser complementada con su sombra y sus diminutos zapatos no pisaban la tierra, como si con sus éxitos en los negocios hubiera adquirido el privilegio de levitar a pocos centímetros de cualquier suelo. Sus manos eran regordetas y las mangas de su camisa, con gemelos, llegaban para tocar las sortijas hasta sus falanges. Lanzó un eructo que vino acompañado de tres chasquidos iguales, que procedían de otro lugar alejado, detrás de unas ramas. La campana despertó furiosamente en réplica a los ladridos y una muchacha bajó de la casa hasta la orilla del río para soltar la amarra del esquife. Del otro lado del río un hombre con una gorra de visera y una zamarra de piel tiraba del cable, al parecer siguiendo las órdenes de un pequeño perro de lanas que con tres breves ladridos militarmente ritmados dirigía la maniobra. Apenas había nieve ya en la montaña, tostada y despellejada por su largo contacto con ella; tan solo brillaban las vaguadas marcadas por líneas de tiza, como si un niño las hubiera pintado para resaltar los relieves, y unos cuantos ventisqueros de seda blanca puesta a secar que dejaban escurrir su humedad por pecheras de encaje. El perro saltó al esquife y se situó a proa, con la cabeza alta, sin dejar de emitir sus tres ladridos.

—Ahí lo tienen —dijo el hombre que había llegado primero, con evidente sensación de alivio y atreviéndose por primera vez a mirar al señor Peris. El señor Peris lanzó otro eructo, menos sonoro que el anterior.

A la mitad del cauce el perro dejó de ladrar, moviendo el rabo; parecía accionar el esquife, su jadeo como el escape del motor ralentizado para la maniobra de atraque. Saltó a tierra y sólo cuando su amo hubo amarrado de nuevo el esquife, salió corriendo para encaramarse a una peña y ladrar —en series de tres ladridos breves a un compás de protesta— al chófer atento a las truchas de las pozas. Más que un perro era un montón de pelo en movimiento, una hoguera de lanas de color ceniza, con guedejas rojizas, con unos ojos de ámbar adheridos a su cabeza de manera tan tosca que el pegamento de color resina rebosaba todo alrededor de sus órbitas, corriendo por sus pelos.

El que había llegado primero dijo:

—Ése es Amaro. Ahí lo tiene usted.

Era un hombre indisolublemente unido a sus ropas, de un único color adquirido en la intemperie; tocado con una gorra y una zamarra echada sobre sus hombros, abrochada a la altura de la nuez con un único botón partido, con unos pantalones de pana y calzado con unas chirucas. En la derecha llevaba una cachaba, terminada en una porra.

El que había llegado primero dijo:

—Amaro, son los señores de que te hablé.

El tal Amaro no parecía abrigar el menor deseo de hablar. Hizo un leve gesto y ni se ocupó en alargar la mano a los desconocidos. El acompañante del señor Peris le ofreció un cigarrillo y fuego pero tuvo que apagar el encendedor ante la detenida observación de Amaro, sin prisa para encender. Remojó la boquilla, se inclinó y cobijó la llama con ambas manos colgando la cachaba del codo, lanzó la bocanada sin tragarla a la brasa del cigarrillo y dijo:

—Ustedes dirán.

—Vamos a ver si nos entendemos, Amaro —dijo el acompañante del señor Peris. Era un hombre que siempre tenía que hacer más de lo que podía y sabía; que sin duda tenía que demostrar al señor Peris que sabía hacer las cosas y que no dudaba en adelantarse al propio señor Peris.

—Estoy seguro de que nos vamos a entender.

Pero el señor Peris fue derecho al grano:

—Ya le han explicado de lo que se trata.

—No, señor —dijo Amaro, arrojando su segunda bocanada a la lumbre del cigarrillo.

Se observaron por un instante y cada cual por su lado recorrió una parte del monte con la mirada, en busca del punto por donde empezar.

—Se trata de ayudar a un hombre a pasar el monte. Un amigo nuestro. Sabemos que lo ha hecho otras veces. Pero ahora hay dinero. Dinero de verdad.

—Lo que nosotros llamamos dinero —apoyó el señor Peris, con las manos enlazadas sobre la tripa, para dar sensación de solvencia.

—¿Qué hombre?

—Un amigo nuestro —dijo el señor Peris—. Un amigo que se encuentra en una situación difícil y al que hay que ayudar. Hay un dinero para eso.

Amaro bajó la cabeza y tiró al suelo el cigarrillo que aplastó y enterró con la punta de la porra. Sin levantar la vista empezó a mover la cabeza en señal de negativa. El señor Peris hizo un gesto a su acompañante para que le dejara solo. Un poco despechado, como aquel que se retira de una prueba que esperaba ganar, marchó hacia el río a unirse al chófer y el perro, que había estado husmeando los desperdicios de la orilla, de nuevo se puso a ladrar, al tiempo que retrocedía agitando sus lanas.

—¡Chucho!

Amaro se volvió, levantando la cachaba, y el señor Peris comprendió que el negocio podía depender del perro. Hablaron por espacio de media hora en que apenas ninguno de los dos alteró su postura: el señor Peris con las manos enlazadas sobre la tripa y los pies a un centímetro del suelo, como si el collage no hubiera resultado perfecto, y el otro apoyado en su cachaba, moviendo negativamente la cabeza. Al final el señor Peris extrajo de su cartera unos billetes verdes sujetos con un clip que el otro dejó caer en el bolsillo de la zamarra, tras una rápida ojeada.

Cuando el señor Peris dio una voz los otros ya se acercaban al coche.

—Estamos de acuerdo.

Luego añadió algo sobre la manera de ponerse de acuerdo en los detalles, el día y la hora. El señor Peris se atrevió a darle una palmada en el hombro y le alargó la mano que el otro estrechó sin ninguna fuerza, al igual que a su acompañante.

Cuando se cerraron las puertas el perro se puso de nuevo a ladrar y cuando el coche ascendió por el repecho, levantando una polvorada, sus ladridos se hicieron más intensos y cambiaron de ritmo, todas sus lanas agitadas por una excéntrica desajustada.

—¿Os habéis puesto de acuerdo? —preguntó el primero que había llegado.

—Sí —repuso Amaro, dándole la espalda para dirigirse a la casa. El otro le siguió. El zaguán estaba fresco, saturado de un olor dulzón a paja fermentada. Atado al brocal con una cadena había un vaso de cobre con el que se echó un trago de agua del cántaro. En el piso de arriba la familia discutía sin asomar nunca al hueco de escalera, como a lo largo de todas las generaciones anteriores.

—¡No le irá a decir eso a su padre! —era una voz de mujer de edad pero eran palabras sin edad, las mismas palabras de siempre de una remota e inexhaustible acritud doméstica, las que se oyeron en el Arca de Noé o las que dejaron escapar las puertas del cielo

cuando el creador abandonó su hogar para desahogar
su malhumor sobre la superficie de las aguas.

—Pues si no se lo dice a su padre ¿a quién se lo va
a decir? —era la voz de una mujer joven, a punto de
hacer su entrada en el chillón eterno femenino.

—¿Así que os habéis arreglado?

—Sí —dijo Amaro, al tiempo que se echaba un segundo trago de agua sin la menor idea de que no
tenía sed.

—¿Y cómo se lo va a decir a su padre?

III

DURANTE SEIS FECHAS estuvo el capitán Medina batiendo la zona entre San Mamud y el Quintán, entre Bocentellas y La Requerida, hasta asomarse por el Tarrentino a la cuenca del Formigoso. Jamás le había fallado el sistema. Conocía a la perfección todas las salidas del valle y en menos de seis horas de coche era capaz de apostar sus hombres en todos sus puntos de paso para, una vez tomados, rastrear la comarca de oriente a poniente. Pero al atardecer del segundo día de búsqueda empezó a sospechar que algo no marchaba como en ocasiones anteriores; no sólo no había dado con los fugitivos sino que tampoco había vislumbrado los menores rastros, que no podían pasar inadvertidos a una persona avezada en aquella tierra tan poco hospitalaria. Así que antes de que cayera la segunda noche despachó hacia San Mamud al cabo y al conductor, con instrucciones para el sargento Rosario de salir con el otro coche y un destacamento en dirección a La Requerida e iniciar desde allí la batida en dirección opuesta a la suya. A la mañana siguiente, antes de que saliera el sol, emprendió la vuelta hacia el Puente de doña Cautiva, una marcha de unos veinte kilómetros, para volver al punto de origen y reanudar el rastreo con más detenimiento, convencido de que su confianza en el éxito le había ofuscado y llevado a examinar con demasiada premura algunos puntos donde bien podían haberse ocultado los fugitivos. Los fugitivos eran dos, muy jóvenes. A la mañana del cuarto día despachó de nuevo al cabo hacia Ferrellán, para comunicar el suceso al sargento de la Guardia Civil y requerir la colaboración del instituto en la misma búsqueda, cosa que nunca había hecho ni sentido la necesidad de hacer en anteriores ocasiones. Poco después del mediodía tuvo noticia de que el Isotta del sargento Rosario había quedado averiado en la bajada del puerto y que el sargento continuaba la operación a pie, lo que le empujó a enviarle su propio camión ya que el sector que él se había atribuido era mucho menos abrupto y fatigoso. A la noche del quinto día el capitán Medina y sus veinte hombres se encontraron en el lugar previsto, a unos diez kilómetros de Ferrellán —en una alquería abandonada—, con el sargento Rosario y el 3HC y esa misma noche decidieron suspender la batida y volver por grupos a San Mamud, en vista del agotamiento de la tropa.

El castillo de San Mamud se levanta sobre un cónico cerro de pizarra oscura cubierto de una vegetación de urces y carquesas, que domina todo el valle alto del Horce a la salida de los cañones de Mantua y cuya posesión concede la soberanía sobre toda la montaña regionata, incluyendo las tierras violadas que caen bajo la tutela de los pastores y guardas. Pero ese dominio será real tan sólo en un amplio sector suroccidental pues el castellano de San Mamud no podrá extender nunca su poder hacia la espalda montañosa y nororiental de su señoría, adjudicada desde tiempo inmemorial a la custodia de Numa, su guardián. El castillo se levanta, naturalmente, sobre un castro ibérico que con posterioridad utilizó para uno de sus asentamientos aquella Legión Rapax que haciendo gala a su nombre asoló el país desde La Bañeza hasta Pravia, desde Cistierna hasta Muros. Si se excava en las amplias explanadas entre murallas y barbacanas aún se encontrarán a un metro de la superficie restos de estelas y ladrillos, monedas y tabas, y los cascabeles de los hurones que la tropa cría y guarda a escondidas resonarán rápidos —señal de una carrera rectilínea— a lo largo de tuberías y alcantarillas de greda cocida, en busca de los gazapos. El castillo fue ampliado en el XVII y dotado de un recinto amurallado apto para el emplazamiento de una artillería que nunca se colocó, y a principios del XVIII, sin otra justificación que la quimérica defensa del territorio ante una posible usurpación austriaca, un célebre maestro —Pedro Abuade— lo remodelará siguiendo el modelo pentagonal de Montsacre, con dos recintos homólogos en aprovechamiento de la topografía del cerro; uno exterior ataluzado, formado por cincuenta y ocho planos y practicable por una única entrada principal con una leva sobre el foso, dotada de un rastrillo de hierro, y otro interior constituido en esencia por cinco baluartes, cada uno dedicado a un santo, de doble barbacana; una torre caballera, una plaza de armas, ocho pabellones para el alojamiento de la oficialidad, las clases y las tropas, el hospital, el arsenal, la capilla, los almacenes, los aljibes y las cuadras. Y aunque su construcción se prolongó casi a lo largo de todo el siglo, apenas fue utilizado; evitado por Soult en su persecución a Moore, y colocado bajo diversas enseñas durante las guerras fratricidas del XIX. Poco menos que abandonado a causa de la reducción de presupuestos tras la pérdida de

Cuba, tan sólo volvió a cobrar animación durante la guerra civil, como escuela de sargentos, para ser convertido —en la belicosa paz siguiente— en bastión contra el maquis y prisión militar, una vez exterminado éste. Por eso no tenía buen nombre cuando el capitán Medina se incorporó al mando de la única compañía que lo ocupaba, casi de carácter disciplinario, formado por los elementos más inquietantes del Regimiento de Ingenieros acantonado en Macerta.

Antes de volver a San Mamud, el capitán se dirigió a Ferrellán para comunicar por el telefonillo a la mayoría del regimiento la fuga de los dos reclutas y la filiación de los mismos al Juzgado de Región para que hiciese pública la orden de busca y captura. Una vez en San Mamud, a donde llegó a media mañana, pretendió echarse a dormir, tras tomarse un vaso de leche, a fin de evitar también por el resto del día y hasta la hora de la cena la compañía del coronel. Pero no logró conciliar el sueño, aquejado de ese malhumorado cansancio que no sabe salir de su excitación ni dejar paso al reposo; a oscuras los anduvo de nuevo buscando por el monte, sin acertar a imaginar otros recursos que los que había ensayado en vano, con esa recurrente insistencia con que una atónita incredulidad vuelve una y otra vez al lugar donde debía encontrarse el objetivo inexplicablemente perdido. El capitán Medina no fumaba y apenas probaba el vino; no abusaba de nada y a sí mismo se tenía por un hombre íntegro y equilibrado, con una decidida vocación por las armas. Aquella mañana, a oscuras y en su cuarto, volvió a sentirse solo e incómodo, rodeado de cuerpos quietos y próximos y dispuestos a un inminente y oculto movimiento y lejanos horizontes móviles que simulaban quietud; a escuchar el susurro remoto y lascivo de una informe entidad femenina despectiva de su virilidad, no interrumpido por el repique de voces soleadas, protegidas en un patio de una clausura mucho más extensa y proterva, que se extendía por el tiempo, y animadas de esa zigzagueante alegría que resuena a horas fijas en los internados.

Cuando el capitán entró en el comedor, el coronel ya estaba a la mesa.

—Una ausencia más larga de lo normal, mi capitán —dijo el coronel mientras encajaba la punta de su servilleta entre dos botones de su guerrera.

El capitán apretó los labios y cuando levantó la vista hacia el coronel se le fue el ojo. El capitán comprendía perfectamente la intención sarcástica de aquel «mi» innecesario y casi antirreglamentario que el coronel dosificaba a su manera, sólo cuando quería hacerle de menos.

—Y sin ningún resultado, a lo que he sabido —añadió.

—Así es; esta vez se nos han escapado de verdad y todavía no comprendo cómo.

—¿Cómo o por dónde, mi capitán? —preguntó el coronel.

El capitán rechazó la sopa. El coronel en cambio apuró medio vaso de vino tras las cuatro primeras cucharadas y se limpió los labios con afectación.

Hacía meses que el coronel Olvera convivía con él y todavía no sabía a qué atenerse. Había llegado de manera inopinada, de la noche a la mañana, a cumplir su arresto en la prisión elegida por él, una gracia concedida por la jerarquía superior en virtud de su brillante hoja de servicios. Cuando por la mayoría del regimiento le fueron comunicados el traslado y las condiciones del arresto, el capitán apenas tuvo tiempo de coger el Isotta para llamar desde Ferrellán al taxi de Caldús a fin de estar en Cabeza del Torce antes de las dieciséis veinte, la hora de llegada del correo procedente de Galicia. Era un hombre de su misma estatura, de facciones poco expresivas y pelo cano, con gafas de montura de alambre de oro, que portaba una gruesa cartera de documentos y por encima del uniforme usaba una gabardina no de reglamento, abotonada hasta el cuello. «Mi coronel, se presenta el capitán Medina, de la tercera compañía del Regimiento de Ingenieros número ocho, de servicio en San Mamud.»

—Mi nombre es Olvera. Coronel de Infantería José Olvera. Gracias, capitán —dijo el coronel cuando el capitán hizo ademán de ir a tomar su cartera de documentos—, no me gusta separarme de ella.

Un desaliñado mozo de la Renfe dejó en la plataforma dos grandes maletas de fibra, una de ellas atada con correas.

—¿Ha traído su asistente?

—He venido solo, mi coronel —dijo el capitán, al tiempo que depositaba las dos maletas en el andén. Las instrucciones especificaban que al coronel se le dispensaría el tratamiento de su rango, podría recibir visitas y moverse a su antojo dentro del fuerte que no podría abandonar salvo autorización escrita de la Capitanía General de la VI Región, o en caso de fuerza mayor. El capitán prefirió viajar solo por discreción, a fin de no tener otro testigo que Caldús en ese primer encuentro un tanto delicado. Cuando observó la pasividad del coronel ante el traslado de sus maletas, su actitud distante y su manera de esperar a que le abriera la portezuela trasera, comprendió que por el momento no debía esperar de él muchas confidencias y que tal vez hubiera sido preferible acompañarse de un ordenanza. El nombre de Olvera le sonaba pero nada sabía de él. Días más tarde escribió a un compañero de armas destinado en La Coruña y por carta supo algo de la historia: el nombre de Olvera se veía mezclado en una tímida conjura monárquica en la que estaban imbricados varios hombres ilustres del estamento militar, de la más alta graduación, descontentos de la política del régimen. La conjura no había pasado de unas esporádicas y aisladas visitas a Estoril, unas pocas cartas, unas conversaciones telefónicas cruzadas entre diferentes Capitanías y unas copias ciclostiladas de un borrador de manifiesto —mal redactado— y que las más altas jerarquías, no considerándolo constituyente de un delito de sedición, conscientes de la gravedad que representaba la admisión de una oposición militar de envergadura en un momento muy delicado, prefirieron solventar con el sencillo expediente de los ceses, relevos, arrestos domiciliarios, pases a la reserva y confinamientos. A Olvera al parecer le ofrecieron Mahón, Fuerteventura, Sagreda o San Mamud y eligió este último, entre otras razones porque tenía parientes o conocidos en Región y Macerta. Era al parecer un hombre competente pero algo esquinado, que tenía que haber alcanzado ya el generalato; contaba con una brillante hoja de servicios durante la guerra civil en la que en el frente de Aragón había llegado a estar al mando de una división que, según algunos, gracias a una dirección y organización de primer orden, había sufrido muy escasas bajas y, sacrificando el comportamiento ostensible a la eficacia, había permitido buen número de éxitos de los que otras unidades se hicieron acreedoras. Pero la carrera de Olvera se había de ver truncada cuando en las jornadas decisivas del Ebro sumó su opinión a la de aquel general que propinó una patada a los planes de operaciones del Generalísimo para la marcha de la contraofensiva. Olvera era viudo, con una hija casada.

Durante el viaje a San Mamud el coronel no habló de sí mismo, limitándose a inquirir algunos pormenores sobre el fuerte y la carrera del capitán. El capitán —que pasaba por un momento bajo de ánimo, a causa de unos asuntos personales mal llevados y de ese desasosiego que cunde tras varios años en un destino que no puede ofrecer nada nuevo— había alimentado algunas ilusiones sobre su convivencia con un hombre de rango y formación superior, del que podría extraer mucho tanto por su experiencia en el mando como por sus relaciones actuales. El capitán procedía de una familia humilde de capital de provincias —su padre era todavía maestro nacional en activo— y admiraba más a las personas cultas que a las influyentes.

—¿Qué le hace a usted suponer que han escapado hacia el sur? —preguntó el coronel.

—No se van a haber metido en el monte. En ese caso seguirían ahí.

—¿Y por qué no han de seguir ahí? No tienen más que aguantar unos pocos días, hasta que se levante la vigilancia, y luego volver a casa como si tal cosa. Incluso en primera.

—Se ha cursado ya la orden de búsqueda y captura...

—Por favor, Medina —interrumpió el coronel, dejando por el momento en el plato el tenedor con un pedazo de ragout pinchado—, yo le tenía a usted por un hombre que se tomaba sus asuntos en serio. Diga usted que prefiere abandonar el caso y dejaremos de hablar de él.

—¿Y de qué van a vivir todos esos días? Se han

ido sin provisiones. Sin nada. ¿Cómo van a aguantar más de una semana?

—¿Con cuatro mujeres a su servicio? ¿Le parece a usted difícil? Capitán, hay que usar la cabeza, la cabeza.

El capitán se quedó mirándole, con el ojo ido. El coronel con demasiada frecuencia se complacía en mencionar ciertas cosas que mortificaban al capitán quien, en un principio, siempre había tomado sus insinuaciones por su lado bueno, como la desinteresada colaboración de un hombre más experimentado —y sin nada que hacer— para el mejor gobierno del fuerte; pero empezaban a cansarle ciertas veladas pero constantes censuras que procediendo de una mentalidad muy distinta —mucho más rigurosa y ordenancista— tenían más carácter de imposición sobre sus propios hábitos y maneras que espíritu de ayuda. Por algo de eso al coronel, a las pocas semanas de llegar a San Mamud, entre la tropa (donde el capitán era respetado y hasta querido por algunos) se dio en apodarle La Suegra, cosa que al capitán —informado de todo por sus subalternos— no dejó de hacerle cierta gracia.

—¿O es que no sabe usted que tienen cuatro mujeres a su servicio?

El capitán bajó la cabeza y masticó con lentitud.

—Tiene usted razón.

El coronel nunca decía cosas desatinadas y sabía medir muy bien sus palabras, dejando caer con cierta delectación aquellas que podían afectar al capitán que, por otra parte, no dejaría nunca de tomar en consideración sus opiniones y consejos aunque luego optara, no sin la aprensión provocada por la virtual desobediencia pero también con el un tanto juvenil regocijo de quien por un momento le es dado superar al superior, por su propia línea de conducta. El capitán en su día se había propuesto —ya que no ayudarle, pues no estaba a su alcance— hacer la estancia del coronel en San Mamud lo más grata posible y procurar sacar el mayor partido para ambos de aquella poca menos que casual y forzada convivencia; todo en la figura del coronel le llevaba a simpatizar con él: su competencia, su elevado espíritu, la altura de miras que le había llevado a sacrificar los ascensos por el apego y la defensa de sus ideas, su concepción del estado (al parecer) más liberal que la usual entre sus compañeros de armas, su valor para decidirse a la acción con serios pronunciamientos en contra, en fin, el carácter emblemático de una esperanza encarnada todavía en personas como él. Y si en un principio el coronel sólo supo responder con mucha reserva, y manteniendo la distancia que les separaba, a sus tímidas y atemperadas por las ordenanzas demostraciones de simpatía, el capitán no pudo por menos de atribuirlo a la natural suspicacia que el coronel en su situación se tenía que ver obligado a interponer en todo trato con colegas desconocidos (quién sabe si adoctrinados en secreto para sacarle de su ostracismo y aprovechar sus confidencias para completar su ficha y agravar su situación en el estamento) en la esperanza de que su sinceridad y buena disposición de ánimo hacia él lograran imponerse a lo largo de un trato continuo y amistoso. El capitán se había cuidado de mitigar las condiciones de su arresto en todo lo que estaba de su mano, vulnerando las instrucciones que tenía al respecto, a despecho de ganarse un día una amonestación o quién sabe si algo más. Pero si el coronel había arriesgado su carrera en una aventura iniciada con miras a la salud pública ¿iba él a ser tan mezquino como para no arriesgar nada en su provecho? Era una de las maneras que el capitán tenía de decir que estaba con él, que salvando las diferencias de todo orden debía considerarle como uno de los suyos, si no un conspirador al menos sí un hombre de parecido temple y análogo espíritu y que colocado en sus circunstancias habría obrado como él lo había hecho. Pocos días después de su llegada, el coronel salió a dar un paseo más allá de las murallas y cruzó el portalón —algo estrictamente prohibido— sin previa autorización, sin comunicárselo al capitán y sin más expediente que unos ostensibles pasos para obligar al cabo, sentado frente al cuerpo de guardia en una silla reclinada en la pared, con los pies apoyados en la barra y leyendo una revista del corazón, a levantarse del asiento, cuadrarse y saludarle, y a fin de devolverle el saludo con la empuñadura del bastón; se había calado una boina negra. El sargento Mayoral, de guardia aquel día, se lo comunicó al capitán quien, a pesar de ponderar la importancia de un precedente de incómodas consecuencias, simuló estar informado por el propio protagonista —aunque sólo fuera para no dar pábulos acerca del menoscabo de su autoridad— y se justificó en el sentido de que debiendo considerarse que los límites del fuerte comprendían todo el cerro, no tenía necesidad de comunicar al cuerpo de guardia la salida del coronel a fin de no coartar sus movimientos, para el bien de su salud, con excesivas formalidades. Toda la tarde estuvo el capitán rumiando la manera de decir al coronel que le había puesto en un aprieto y que esperaba, de su recto sentido, no verle alejarse demasiado del fuerte. Después de mucho pensarlo, el capitán se decidió por utilizar como introducción una de esas fórmulas indirectas que abordan alguna de las circunstancias u objetos del tema —demasiado agrio o demasiado confesional (en el sentido que denuncia una impaciencia que el ponente desea disimular a todo trance) para iniciar con él la conversación— a fin de tocarlo en todo su alcance a lo largo del desarrollo de la charla: «Espero que le haya sentado bien el paseo, mi coronel» o mejor aún «¿Ha reparado usted, mi coronel, en la vista del valle desde la primera revuelta de la carretera?» pero llegado el momento de la cena no se atrevió a ello y la conversación discurrió por los cauces habituales, sin que para nada se mencionase la pequeña —pero importante— transgresión de Olvera, por lo que el capitán se retiró a su habitación llevándose consigo un enojo —el más grave por ser el más difícilmente curable, el enojo con uno mismo, la irritación a causa de la propia pusilanimidad— que había de durarle muchos días y poner un tinte sombrío en sus ulteriores relaciones con Olvera. Pero el yo no soporta por mucho tiempo las propias recriminaciones y —sobre todo cuando las responsabilidades se litigan en silencio— ha de encontrar pronto un culpable que le redima de la carga de la falta. Como es de razón, el capitán Medina —para sus adentros— dos días después ya estaba fomentando un cierto rencor hacia el coronel, por no tener la gentileza de mencionar la transgresión él mismo y de esa forma, atesorar para sí una ganancia que no se correspondía con la generosidad del capitán al —al menos aparentemente— pasar por alto el suceso. Sabía el capitán que de allí a pocos días el coronel saldría a pasear de nuevo y, aun quitándole toda importancia al anuncio ¿era mucho esperar que el coronel le dijese «voy a dar mi paseo» aunque sólo fuera para dar carta de naturaleza al hecho y privarlo de las ingratas concomitancias que seguiría provocando en tanto ninguno de los dos hablase abiertamente de él? Y por encima de todo el capitán sentía la sobrepresencia de la superioridad; de una superioridad que estaba —como no podía ser menos— dispuesto a admitir en todo momento y para todo acto... a condición de que el coronel, jugando con las cartas boca arriba, la mantuviera en suspenso o —por así decirlo— se la prestara. Pero no acertaba a ver claramente cuál sería su situación si a aquel fantasma, a sus espaldas, se le abrían todas las puertas del fuerte para vagar a su antojo por sus profundos pasajes y por encima de su voluntad.

Con un cierto temblor en la mano que sostenía el tenedor, el capitán repitió:

—Tiene usted razón, mi coronel.

IV

Aquella mañana el doctor Sebastián viajó a Región,
cosa que hacía como mucho un par de veces al año.
Pensaba estar de vuelta en su casa por la noche, con
el coche de las siete; era uno de los últimos días de
mayo que había amanecido encapotado, tras toda una
noche de lluvia continua y mansa, y en las frondas de
la carretera un incesante gorjeo pellizcaba el silencio
del domingo que un pájaro carpintero había decidido
aprovechar para su trabajo solitario, mientras del establo surgían los inútiles mugidos de las vacas, cada
una con un tono de solapada protesta ante el asedio
de las tinieblas matinales. El conductor le cedió el
asiento junto al suyo, un puesto que nadie en toda la
provincia se atrevería a disputarle.

En Ferrellán subieron dos mujeres, una amatrona-
da, la otra muy joven. El conductor le hizo un gesto
de picardía cuyo recibo el doctor no se molestó en
acusar, enfundado en su gabardina, con las manos apoyadas en el mango del paraguas.

—¿A pasar unos días, doctor?

El doctor negó con la cabeza. Nunca había sido ha-
blador.

—Vuelvo esta noche.

—Mucho trabajo. Esto empieza a animarse en estas fechas. Siempre pasa lo mismo. Pero la primavera es traicionera ¿no le parece, doctor? Es cuando muere más gente ¿no cree usted, doctor? sobre todo los viejos. Se pasan el invierno aguantando como pueden y ahorrando todas sus fuerzas y cuando creen que lo malo ha pasado —el conductor levantó una mano para saludar a un pastor con la barbilla apoyada en su cayado—, un día de marzo o abril un cambio del tiempo se les lleva a la tumba en menos que canta un gallo. Yo lo he dicho siempre, déjeme de primaveras. Hacía mucho que no venía usted ¿eh, doctor?

—Casi un año.

—Esto ha cambiado mucho. Mucho. Ya no sabe uno dónde está nada.

El doctor no le escuchaba. Dejaba su vista vagar por un paisaje al mismo tiempo remoto y cercano, absorto en su propio mecanismo y atento a su respiración, ajeno e indiferente a todas las imposiciones del progreso: en las cuestas los robles y hayas habían iniciado la rotura de sus yemas, una crisálida de infinitesimales brotes de coleres incipientes cubría apenas el ramaje, antes de transformarse en follaje, y de los chopos de las vegas colgajos bermellones denunciaban la inútil y sangrienta violencia de la fecundación.

El coche se detuvo antes de El Auge, en el paso cabañero; sobre el mojón esperaba sentado Amaro al que el doctor al primer instante no reconoció. Junto a él y de pie, sosteniendo en sus manos un hatillo negro, su hija sonreía con el labio inferior caído, mirando fijamente al autobús.

Amaro ayudó a su hija a subir al estribo.

—Amaro —dijo el doctor, antes de que cerrase la portezuela.

—Doctor —dijo Amaro, cerrando la puerta y sin detenerse a saludarle, para acomodarse con su hija en uno de los asientos traseros.

Al apearse el doctor en Región, Amaro se había escabullido por la puerta de atrás.

Mientras esperaba su café, el doctor hojeaba distraídamente las revistas de la sala de lectura del Hotel Cuatro Naciones. Hacía meses que el doctor no pisaba el hotel pero ninguna de las revistas ni publicaciones le sorprendió por su novedad. La mayoría estaban deshojadas y sus crucigramas a medio hacer, con diferentes manos, con trazos vacilantes y numerosas tachaduras.

Cuando le sirvió el café —el mismo servicio de siempre del café puchero, aguado y ácido, una servilleta limpia y deshilachada, cafetera y bandeja de plata Meneses abollada y rubia— Rogelio, el camarero —la misma pajarita sujeta al cuello con una cinta de goma y un clip que desdeñaba su ocultación bajo la camisa, el mismo paño con manchas de café en la muñeca izquierda, los mismos ojos de color de nuez eternamente húmedos y el mismo temblor de manos de un alma quebradiza y descarnada a lo largo de décadas de discretos campanillazos, pisadas en el linóleo, murmullo de aspidistras y cucharadas de sopa de la casa—, le informó:

—¿Sabía usted, doctor, que ha vuelto Fayón?

El doctor le observó, con un terrón sujeto con las pinzas.

—Hará cosa de tres semanas o quizá un mes. Está bien, el mismo de siempre. Tiene buen aspecto. Parece mentira. El pelo blanco, naturalmente, pero con

buen aire. Parece que viene a quedarse definitivamente.

—¿Fayón?

—Creo que para en casa de su hermana. No sé si
estos días está fuera; ha debido ir a la capital a arreglar no sé qué papeles pero con idea de volver pronto
para quedarse. Aquí venía todos los días, a la hora del
café, como en los viejos tiempos. Preguntó mucho por
usted; es raro que no haya ido a visitarle.

Cuando el péndulo dio cinco campanadas, el doctor, sentado en un sillón de mimbre de la sala de lectura, abrió los ojos, los lentes caídos sobre el pecho,
la revista de temas ferroviarios sobre sus rodillas.
Consultó su reloj de bolsillo: siempre había ido a la
par con el péndulo del Cuatro Naciones, como si les
uniese un no investigable parentesco que ninguna clase
de vicisitudes hubiese logrado doblegar.

Apenas vio gente en la calle; un par de saludos y
una parada delante de la talabartería para cambiar las
frases consabidas y obligadas por sus largas ausen-
cias. La casa de los Mazón estaba casi en las afueras,
cerca del puente de Aragón, flanqueada de árboles cor-
pulentos y toda ella cerrada; ni siquiera habían remo-
vido las contraventanas metálicas, algunas descolga-
das de sus herrajes, atadas con alambres, y el viento
había arrancado una chimenea de hojalata para enca-
jarla en una canal. De una escarpia del alero colgaba
una cuerda que se mecía ligeramente en la sombra,
recibiendo en el extremo de su balanceo un rayo de
sol que la empujaba de nuevo hacia atrás.

Le recibió en una pequeña sala de la primera planta, sobre un viejo butacón, con una manta de ganchillo sobre las piernas y un tapete antimacasar bajo la
cabeza.

—Me han dicho —le dijo al poco— que ha vuelto Fayón. Que ha vuelto para quedarse.

—Estuvo aquí. Vino a visitarme en cuanto llegó, tan cariñoso como siempre. Ha venido solo y parece que sí, que piensa quedarse.

—¿La mujer?

—No me dijo nada y, naturalmente, yo no pregunté nada. Pero ¿no te acuerdas?

—Claro que me acuerdo. Claro que me acuerdo.

—Unos quieren volver y otros quieren irse; así es la vida, Daniel.

El doctor sabía cuando entró que no podría oponer más de una débil y no persuasiva resistencia. Y si por un lado la conocía demasiado bien para comprender que prevalecería su obstinación, por otro su debilidad de carácter le llevaría a aceptar sus condiciones sin apenas discusión.

—¿Te he pedido algo alguna vez?

—No, nunca que yo sepa —dijo el doctor, sin el menor deseo de buscar razones.

—Me tienes que ayudar.

—¿Ayudar? ¿Ayudar a qué? ¿A eso le llamas tú ayuda?

Tres meses antes había sido ingresada en un sanatorio con los pulmones encharcados y horas de vida, al decir de los médicos; por primera vez en ochenta años había estado enferma y toda su vitalidad se había desmoronado, hundida en el sillón día y noche —sin poderse levantar ni acostarse— tras una penosa y casi inverosímil recuperación.

—¿No comprendes que no puedes estar allí sola? ¿No comprendes que necesitas cuidados, que tienes que tener compañía?

—¿Cuidados? ¿Compañía? Ya tengo allí a Antonio ¿qué más compañía puedo querer?

—¡Antonio! Ni siquiera vale para cuidarse a sí mismo. Mujer, ten un poco de sentido común. La casa no se encuentra en condiciones. ¿Y quién va a querer ir allí?

El doctor sabía que contaba con una réplica para cada una de sus objeciones y que no lograría disuadirla por la vía de un razonamiento que ella ya había recorrido en todas sus variantes.

—Quiero ir allí, Daniel, quiero morir allí. Allí está mi padre y mi hijo y lo poco que quiero allí está. Me tienes que ayudar.

El doctor prefería no pensar.

—No duraré mucho, Daniel, no pasaré del verano. Siento muy bien lo que me queda de vida, lo puedo contar como si fueran mis ahorros y sé que es muy poco. No llega a un año. Te lo aseguro, lo tengo a la vista. Menos de un año. Y quiero morir tranquila, mirando lo poco que quiero. Me tienes que ayudar, Daniel, para que no me coja aquí.

—¿Cuándo quieres ir?

—Ya.

El doctor se levantó y se acercó a la chimenea para abrir la caja de un reloj imperio detenido. Como toda respuesta actuó con el dedo el badajo de la campanilla y el sonido fue a poner una nota afirmativa en la penumbra. Una mosca volaba en la sombra sin detenerse y los altibajos de su zumbido resonaban como una conversación de mujeres, a la puerta de la iglesia.

—Ya sé lo que me vas a decir pero es lo único que te he pedido en toda mi vida. Y el único al que se lo puedo pedir. Si tú no lo haces no lo hará nadie.

El doctor cerró la tapa del reloj y volvió su atención hacia una cajita de esmalte que contenía unos papeles, casi todos doblados, y algún imperdible.

—¿Has hecho testamento, Tinacia?

—Las cuatro cosas que quedan, una miseria. Hace un mes lo hice, a la vuelta de la clínica, porque se empeñaron los chicos. Casi todo está a su nombre; ya sabes, los derechos reales. Todo eso.

El doctor dio media vuelta y un par de pasos hasta colocarse frente a ella, para mirarla de cara.

—¿No me habrás…?

—Una miseria, Daniel, una tontería; porque quiero que tengas un recuerdo mío.

—Bórralo.

La anciana sacó las manos de debajo de la manta de ganchillo y se rascó el dorso de la izquierda con las uñas de la derecha.

—Daniel…

—Bórralo. Quita esa cláusula y entonces hablaremos —dijo el doctor, recogiendo su paraguas junto a la chimenea.

Tinacia se irguió un poco, apoyando sus palmas en los brazos del sillón, para mirarle con una firmeza de la que no había hecho uso hasta entonces.

—Entonces, no quieres…

—No; quita esa cláusula y avísame cuándo quieres que te ayude al traslado.

Era media tarde cuando el doctor salió de la casa Mazón. En el camino de vuelta pasó de nuevo por el Cuatro Naciones y sobre el mostrador escribió unas líneas en una cuartilla con membrete (y una esquina amarillenta) que encerró en un sobre y entregó al conserje.

—Cuando vuelva por aquí se lo entrega de mi parte al señor Fayón.

En el despacho de la agencia esperaba una docena de personas —casi todos ellos paisanos cargados de bultos y cestos— a los que no conocía; el doctor fue derecho a saludar a Amaro; su hija, con la cabeza ladeada, sonreía hacia la puerta con el labio inferior caído.

—¿Cómo andas, Amaro?

—Doctor —dijo Amaro, al tiempo que se levantaba de su asiento en la sala para esperar el coche en la acera.

V

CUANDO A PRIMERAS HORAS de la mañana el camión del
capitán Medina se detuvo en la plaza, el cadáver había
sido trasladado al primer piso del despacho de Co-
rreos, donde se reunía la pedanía de Bocentellas, y de-
positado sobre la mesa de sesiones, cubierto con una
manta. Cuando el capitán saltó de la cabina del 3HC
lo primero que oyó es que había un cadáver en la casa,
un hombre con un tiro en la cabeza que había aparecido aquella mañana en la misma plaza. Modesto y el
propio cosario fueron los encargados de informarle
del asunto y conducirle hasta el cadáver que el capitán examinó detenidamente, despojándolo de la camisa
y recortando el agujero del pantalón; con cuidado
palpó los bordes de la herida del cuello e incluso por
el orificio introdujo la mitad de su dedo meñique cuya
uña regresó del viaje manchada de una pasta negra,
semejante al alquitrán, que el capitán se limpió en el
borde de la manta.

—Mi capitán ¿cree usted que lo mataron mientras
estaba durmiendo?

—Es posible. Cualquiera sabe. Eso sí, probablemente estaba tendido boca arriba. O situado en un
alto. Cualquiera sabe.

—¿Usted cree que lo mataron a bocajarro, mi capitán? —preguntó Modesto.

—No lo creo. No tiene quemaduras. El disparo fue hecho a más de un metro de distancia, sin duda. ¿Lo conocía alguno, lo habían visto por aquí?

Ambos hicieron el mismo gesto: hincharon los labios apretados y replicaron no con la cabeza.

—Hay que informar al Juzgado y a la Guardia Civil —dijo el capitán—. Pero primero al Juzgado.

—¿Por qué primero al Juzgado, mi capitán? —preguntó el cosario.

—Porque está más lejos —dijo el capitán, que siempre sabía lo que se decía, para añadir: ¿No llevaba documentación encima?

Los dos volvieron a repetir el gesto de antes. El cosario lo señaló con la barbilla como para decir: lo que usted ve.

—Mandaré a Paco al cuartelillo de Ferrelán. A ver si está de vuelta esta misma mañana. Usted se encargará de llamar al Juzgado de Región —dijo el capitán, dirigiéndose al cosario.

—Mi capitán...

—¿Qué hay?

—Que hoy es sábado —dijo el cosario, arrastrando las palabras y arrastrándolas para dar tiempo al capitán a que comprendiera y recapacitara.

—Sábado, diecinueve de julio. Ya; ya entiendo. Será mejor que cuanto antes avise al Juzgado. Mejor hoy que mañana. Y mientras tanto que nadie toque el cadáver.

Eso era lo nuevo del caso, gracias a la presencia del capitán y a la autoridad de que gozaba en aquellos pueblos; aparte de que nunca hasta entonces había tenido «el monte» la osadía de arrastrar su víctima hasta un lugar habitado. Es cierto que en algunas ocasiones habían aparecido en caminos o en apriscos o al pie de un crucero, siempre en lugares poco frecuentados (¿pero es que había algún lugar frecuentado en aquella tierra?) pero lo más usual era que se los tragara no sin confirmar su desaparición por algún que otro resto flotando en el río o atrapado entre unas zarzas, un viaje de ida no complementado por otro de vuelta, una narración alucinada de un testigo que no perdería tiempo en detalles para abandonar el lugar, el eco de un par de tiros seminocturnos que se escucharía con veneración y que andando el tiempo y aprovechando la invasión de los heraldos del progreso alguien desde la torre de El Salvador grabaría en una cinta magnetofónica: dos disparos solitarios en el centro de la banda tan sólo impresionada por el silencio nocturno, el canto de las ranas, los suspiros de un alma caduca e impaciente, el estornudo de un sacristán, los crujidos de una escalera o las llamadas de un lejano mochuelo envueltas en el casi oloroso rumor de unos temblorosos chopos sacudidos por la brisa del río, apenas capaces todos de vencer el zumbido de la diminuta, demoniaca y cerebralizada bicicleta. Jamás hasta entonces se había tenido el menor respeto no al muerto sino a los principios de Ley establecidos para su recta administración; jamás se había avisado —hasta que el capitán introdujo la norma— a la Guardia Civil o al Juzgado o a lo que fuera; al muerto se le enterraba (sin siquiera darle cristiana sepultura pues era bien sabido que todos eran paganos, enemigos de la ley del Señor que había establecido la inviolabilidad del monte) y santas pascuas. ¿Y por qué no se le había de tocar? ¿Es que eran de pétalos de rosas esos muertos o estarían hechos de la gaseosa franela del sueño? ¿O sería la higiene?

A media mañana llegó Paco con la pareja, el cabo y un número; saludaron al capitán y procedieron a levantar el atestado; el cabo se sentó a la mesa, tras apartar los pies del cadáver para hacer sitio a su recado, mientras el número ordenaba a la fila de testigos del otro lado. De su cartera extrajo unos pliegos, que ordenó con orgullo y satisfacción repetidas veces, un pequeño frasco cuadrado con tapón de corcho donde guardaba la tinta morada y un manguillero que lustró contra su manga; la plumilla la sacó del billetero, envuelta en papel de fumar, y calándose las gafas, la observó con esmero, la mojó con la lengua y tras introducirla en el tintero la hizo correr en un papel aparte, deleitándose en sus amplios trazos. El capitán se despidió, diciendo que le esperaría en casa de Modesto.

Aquella misma tarde el recadero fue despachado a Región con cuyo Juzgado el cabo se comprometió a comunicar, una vez en Ferrellán, por el telefonillo del instituto. El domingo a la caída de la tarde estaba de vuelta en Bocentellas sin haber logrado otra cosa que pasar una nota por debajo de la puerta, dirigida al oficial, en la que le informaba de todos los pormenores del caso y le encarecía la presencia del juez en el pueblo en las próximas veinticuatro horas. Pues el proceso que todos temían ya se había iniciado en la tarde del martes: el cuerpo empezaba a heder y el principio de su descomposición se había anunciado con una eyaculación por su boca entreabierta, que había cubierto casi toda su barbilla con el mismo humor abetunado que manchara la uña del capitán. Así que el lunes por la mañana, ante las protestas del alcalde pedáneo y por acuerdo de toda la junta de vecinos, el recadero fue de nuevo despachado a San Mamud, con vistas a recabar la presencia del capitán en el pueblo, por cuanto su autoridad les parecía más que suficiente para tomar respecto al cadáver la medida que considerase más conveniente y más conforme con la salud pública. El capitán, como era su costumbre, no se hizo esperar, no eludió el bulto : un poco pasado el mediodía llegó al pueblo, acompañado de su ordenanza, ambos a caballo, y sin pérdida de tiempo giró una inspección al cadáver cuyo estado le produjo tal alarma que, sin más expediente que echarse al cuerpo un poco de vino y unos trozos de cecina, acompañado de su ordenanza siguió camino hacia Ferrellán con propósito de comunicar personalmente con el juez de Región por el telefonillo.

Al parecer la conversación entre el capitán y el juez fue difícil y áspera, cortada e interferida por toda clase de zumbidos, interrumpida y reanudada para ser repetidas en cada ocasión las mismas frases y razones. Numerosas veces dijo el capitán «bajo mi responsabilidad» pero el juez no se apeó de su postura para exigir la perfecta conservación del cadáver hasta su llegada, aquella misma tarde o la mañana del martes, e instruyendo al cabo para que montase su vigilancia si · la consideraba necesaria. Aunque no había tenido mucho trato con él, el capitán nunca se había llevado bien con aquel hombre (muy relacionado con Chaflán —uno de los más poderosos terratenientes de la provincia— de quien era asesor en toda clase de asuntos legales) cuya intervención en el desafortunado final de ciertos asuntos personales suyos siempre había sospechado.

Era ya casi de noche cuando llegó de nuevo a la

plaza, acompañado de su asistente que sin apenas detenerse siguió camino hacia San Mamud, con un despacho del capitán dirigido al sargento Rosario con las instrucciones, consignas y palabra de orden y paso que debían ser guardadas en el fuerte durante su ausencia. Cenó en casa de Modesto, en su compañía y en la de Domingo Cuadrado, Carmelo Vales, el recadero, y el señor Casiano, propietario y alcalde pedáneo, que se arrimaron a tomar café para discutir lo que se podía hacer con el cadáver a la vista de las sumarias instrucciones del juzgado. Por acuerdo de todos se decidió trasladarlo aquella misma noche a la nevera del camino del cementerio, la más alta, donde al decir de Cuadrado aún quedaba un poco de hielo con el que se podría cubrirlo para conservarlo fresco hasta la llegada de la autoridad. Así lo hicieron; entre los cuatro (pues el señor Casiano no estaba ya para tales trotes) y un mozo de establo de Cuadrado (un hombre achaparrado y algo simiesco, de una fortaleza extraordinaria, al que apodaban Carburo, al que a las horas de día siempre se le veía cargado —incluso con la cuba a la espalda, en ángulo recto con las piernas y los brazos colgando y apoyándose en el suelo con los nudillos, como un babuino—, que sólo hablaba de mujeres) transportaron el cadáver sobre una escalera de mano, alumbrándose con unas linternas, algunos tapándose las narices. Pero en la nevera apenas había hielo; en una barranca a orilla del camino, en una umbría de la ladera, existía desde siempre una bóveda de ladrillo bajo la que se acumulaba en primavera la nieve recogida en la sierra para ser conservada hasta entrado el mes de junio. Tan sólo había un montón de grijo y arcilla roja y unas pocas pelotas de hielo sucio que no llenarían un cubo; así que tendiendo el cadáver en el suelo de la bóveda, lo cubrieron con unas arpilleras y encima le echaron unas paletadas.

El capitán —en un camastro en casa de Modesto— fue despertado a primera hora de la mañana del martes por las voces de Carburo; al cadáver se lo iban a comer los cuervos. La idea surgió ante el mostrador de Modesto y acaso fue sugerida por el propio Carburo; la primera y última idea que tuvo en su vida surgida acaso por concomitancia ante el vaso de castillaza que a la altura de sus ojos constituía todo su desayuno. Una de las curiosidades de la casa era una botella de castillaza de un litro, de línea elegante y vidrio muy claro, que contenía una salamandra inmersa en el licor; se trataba de un bicho de no menos de veinte centímetros que conservaba todo su color y una aparente viveza (pues incluso pestañeaba); agitada la botella con energía y colocada luego en posición horizontal de entre las oliváceas burbujas del aguardiente surgía el pequeño monstruo nadando en castillaza con toda la gala de sus movimientos, acentuada su elegancia por su lasitud. Una vez más el capitán Medina se comprometió a llevar a cabo la gestión. A eso de las diez de la mañana estaba de vuelta en casa de Modesto, con el placet de Segundo Carrión, el cosechero, para realizar la operación. Dijo que no fue difícil, contra lo que él se temía; que no puso grandes reparos, que no lo consideró como una anomalía. Que incluso —vino a sugerirle, con palabras un tanto enigmáticas— sabía él que ya se había hecho en otra ocasión, en otra bodega. Que no era la primera vez. En cambio, nada le había dicho del principio de descomposición.

Con excepción de Domingo Cuadrado —quejándose siempre de su mucho trabajo, de no gozar nunca de ayuda— los mismos que lo depositaron en la nevera la noche anterior, fueron a recoger el cadáver con el carro de aquél. Era una mañana de un calor terrible, un calor que rebotaba en los graznidos de grajos y cornejas, camino del cementerio; que había extendido sobre tapias, cipreses, cielo y lomas una capa de ultra-terreno aceite para preservarlos de la menor movilidad. Cuando se aproximaron echaron a volar los grajos, la sombra de unas alas cruzó el camino, un rabo y un trasero de color canela se ocultaron tras un declive. Tenía un aspecto lamentable, de color de papel viejo con los contornos afilados y cárdenos, la piel tensa por aquel último perdido forcejeo con los huesos que pugnaban por salir al aire que nunca habían respirado y los dientes, como el resultado de un confuso e inacabado proceso industrial, asomaban de un molde inutilizable que ya había cumplido su función; su cara y su torso estaban salpicados de manchas de arcilla roja, como señales de la peste. En la cripta se respiraba el olor dulzón y húmedo del aliento de un perro.

Le dieron la vuelta, le sacudieron la tierra y le ajustaron la camisa; las plantas de los pies eran negras y los dedos y tobillos morados. La bodega estaba algo lejos, en la carretera de El Puente de Doña Cautiva, más allá del cruce de la de Ferrellán. A mitad del camino a orilla de una alberca lo lavaron un poco, asperjando agua de un cubo con la mano, tal como baldeaba Modesto el suelo de su establecimiento. Le pasaron un paño por la cara, le atusaron el pelo.

Cuando llegaron a la almazara su propietario ya había salido habiendo encomendado a un mozo que las cosas se hicieran tal como ordenara el capitán. La bodega estaba fresca, sudaban a chorros. Descansaron un rato, echaron un trago de un clarete que el mozo trajo en una jarra de loza blanca, mientras se permitía unas bromas acerca del baño que esperaba al muerto. Era una bodega moderna, bien instalada. Sólo una batería de cubas era de madera de roble, una pasarela metálica coronaba las pipas de fábrica y una viga carril, provista de un polipasto, cubría el eje de sus bocas.

El mozo señaló la pipa de un extremo, mediada —dijo— de un castillaza de agraz que el dueño tenía en poca estima, que sólo era utilizado por su mucha gradación para fortalecer otros caldos pero que apenas tenía paladar. Hizo otro chiste. Lo depositaron frente a ella, le pasaron una gruesa maroma bajo los hombros, cruzaron una eslinga y colgaron la otra de la garrucha del polipasto. Carburo dio un tirón y dejó el cadáver sentado, más o menos como lo habían encontrado en la plaza de Bocentellas. Luego, como si se tratara de una ejecución, esperó la orden del capitán manteniendo la maroma tirante. «Arriba», dijo el capitán. Cuando el cadáver ya había despegado los pies del suelo (sobre la solera de hormigón había dejado la muestra de un último sudor, dos pequeñas manchas indelebles) el capitán dio el alto.

Cuando se abstraía o cuando de contemplar un objeto lejano pasaba a otro cercano, o sólo cuando miraba fijamente, al capitán Medina se le iba un ojo. Aquel ojo ido le daba un aire de inocencia, de hombre que no sabía de segundas intenciones. Quedó absorto, con la mirada divergente, un ojo sobre el cadáver colgado, el otro hacia la cuba.

—Me parece —dijo, saliendo de una abstracción— que será conveniente colgarle un peso.

—No hará falta —dijo el mozo, casi sentado en el suelo, tirando de la maroma—, con el agujero que tiene.

—Bájalo —ordenó el capitán a Carburo, con el ojo ido.

Lo bajaron de nuevo. Carburo aportó la pieza de una reja que el mozo rechazó porque podía dar mal sabor al aguardiente. En su lugar señaló la tapa de hormigón de un registro, provista de una anilla. Con otra soga la ataron a sus tobillos y cuando Carburo dio un tirón el cuerpo expidió un chasquido, con un ligero movimiento de costado, como si una mitad se hubiera desplazado respecto a la otra.

—Ten cuidado, hombre —dijo Modesto—, lo vas a diezmar.

—Extranjeros que parecen manteca —dijo Carburo, al tiempo que reanudaba la iza.

—¿El muchacho es extranjero? —preguntó el mozo.

—Era —dijo Modesto.

—Eso ya me gusta menos —dijo el mozo—. A saber el sabor que despedirá su carne.

Lo situaron sobre la boca.

—Ve bajándolo con tiento —dijo el capitán.

Se oyó el chapoteo de la losa, luego su tímido golpe al tocar el fondo, la emersión de una gran burbuja.

—¿Está cubierto del todo?

—Yo creo que sí —dijo Carburo sobre la pasarela, encorvado sobre la boca, manteniendo tirante la madera.

—Larga cuerda —dijo el capitán—, y déjala atada a la pasarela.

Aquella tarde el capitán regresó a San Mamud, tras dejar dicho que le pasaran aviso de cualquier anomalía que el juez pudiera encontrar en el levantamiento del cadáver. Estaba cansado. Era noche cerrada cuando divisó la lucecilla del portalón; aún le quedaba media hora de camino al paso fatigado del caballo, con su boca casi a ras de suelo, por la penosa subida del cerro. No había luna, no se distinguía la cordillera, ya habían callado las cigarras, tan sólo una luciérnaga o un grillo añadirían a la noche una nota nocturna.

Había dejado atrás los restos de la torre albarrana, cabalgaba al pie de la primera barbacana, a menos de cien metros del portalón, cuando una voz le salió al paso:

—¡Capitán Medina!

Ni siquiera se detuvo, fue el caballo el que lo hizo, alzando la cabeza. Venía de lo alto, de la cresta de la barbacana que no logró distinguir.

—¡Capitán Medina!

No iba armado. Dirigió la luz de su linterna hacia lo alto de la pared pero su foco era tan poco penetrante que sólo alumbró un desconchado en la fábrica de ladrillo, unas hojas raquíticas.

—Capitán Medina —la voz adoptó un tono menos enérgico, un falsete de forzada ironía—: no son horas de volver a casa. No hace usted bien en andar a estas horas por ahí solo.

—¿Quién es usted?

—Un amigo, capitán Medina, un buen amigo que le aprecia a usted. Y que le aconseja que no se meta usted en camisa de once varas. Deje usted que la justicia siga su camino. Aquí no tenemos necesidad de otra cosa. No es bueno tomarse la justicia por la mano. Convénzase, mi capitán, convénzase.

—¿Quién es usted? —repitió.

Percibió que hablaba bajo con un acompañante y se sintió el objeto de una indefinible burla.

—Un amigo, mi capitán, un buen amigo —dijo la voz, y por el eco de la última palabra el capitán comprendió que ya se estaban alejando.

El juez llegó a Bocentellas la tarde del jueves, en el taxi de Caldús. No podía ocultar su malhumor. Era un hombre pequeño y anguloso, que cojeaba un poco, vestido con un raído traje de espiga impropio de la estación. Usaba sombrero y tenía menos alma que una cuchilla de afeitar. El sombrero era de fieltro de color ratón, toda su periferia manchada de grasa por encima de la banda. Un prototipo de socio de casino y jugador de subastado. El forro de su sombrero estaba arrugado y amarillento y en la badana llevaba prendidas dos iniciales, JH. A pesar de que ya lo sabía protestó cuando el señor Casiano le informó que el cadáver había sido trasladado a las Bodegas Carrión. Dijo que esas no eran sus instrucciones, que en aquellos pueblos hacían caso omiso de la ley ¿qué justicia iban a tener si empezaban por reírse de la ley? El atraso, el atraso, no merecen ustedes otra cosa, protestó. Modesto se quedó detrás; el señor Casiano, para tratar de ablandarle y demostrar la buena voluntad de todos los vecinos, dijo que podía mandar a buscar al capitán Medina si lo creía conveniente. «¿El capitán Medina? ¿Qué tiene que hacer aquí el capitán Medina? Aquí el único que tiene que hacer soy yo», dijo calándose el sombrero. «Y este señor —añadió dirigiéndose al cabo—, si ustedes no hacen lo que ordena la autoridad.»

El señor Casiano —detrás quedaron Modesto, Domingo Cuadrado, Carmelo Vales y Carburo, más allá las mujeres del pueblo con las manos sobre los hombros de los niños— indicó el punto donde había sido hallado el cadáver, con unos cuantos pormenores. El juez preguntó dónde estaban las Bodegas Carrión y cuando se lo explicaron (se enzarzaron entre ellos con discusiones confusas y contradictorias sobre el mejor camino a tomar para ir en coche) el juez les ordenó dirigirse hacia allá —con dos testigos basta, dijo, usted y este señor, señalando al señor Casiano y a Carmelo Vales— mientras tomaba una cerveza en casa de Modesto. No hizo además de pagar las tres cervezas, era uno de los privilegios de su profesión. Se caló el sombrero, subió al asiento delantero del taxi, la pareja se sentó detrás con los mosquetones tiesos entre sus rodillas, y se alejó de Bocentellas donde nunca había estado hasta entonces, afirmando que pueblos como ése sólo merecían el atraso.

El señor Casiano tuvo la precaución de acompañarse de Carburo, para ayudar al mozo en el levantamiento. Cuando llegaron a la bodega el sol ya estaba declinando y el juez y la pareja esperaban desde un buen rato. El señor Segundo, Segundo Carrión, el dueño, estaba ausente pero había dejado al mozo instrucciones para atender en todo al señor juez y obsequiarle con una caja de un sangre de toro muy especial, que no tenía par en toda la provincia. El juez se la agradeció —ordenando a Caldús que la pusiera en la maleta— pero no por eso abrevió su malhumor.

Dijo luego Vales que cuando lo extrajeron de la pipa a punto estuvo Carburo de perder el sentido. «A punto estuvieron todos», corrigió Carburo. «¿El juez también?» «No, el juez no.» «Antes pierdo yo la calva que ese juez el sentido», dijo Modesto con cierta solemnidad. Pero lo cierto es que tuvo que agarrarse a la barandilla para no caer a la cuba —lo que habría sido mortal de necesidad—, tan intenso era el vapor que despedía aquella esponja de alcohol. Ataron la maroma al suelo de la pasarela, dejándolo colgado y pendulante para permitir que se escurriera un rato. Estaba el crepúsculo avanzado y la bodega muy oscura, apenas iluminada por una tulipa de la pared del fondo. Lo estrujó un poco, exprimió sus ropas. Lo bajaron al mismo punto desde donde lo habían izado y cuando lo depositaron en la solera dejó un amplio charco de alcohol que, con todo, no llegó a borrar aquellas dos pequeñas manchas de sudor. Con una breve reverencia, y tapándose la nariz con un pañuelo, el juez reconoció el cadáver; hizo girar su cabeza y alzó un brazo que dejó caer de nuevo sin ningún miramiento. Se caló el sombrero y en el momento en que abandonaba el local, al pasar junto al señor Casiano, dijo «Ya se puede levantar el cadáver».

Pero los otros no se movieron, Carburo miró al señor Casiano, Vales dio un paso atrás, el mozo llevó el polipasto al extremo de la viga y enrolló la maroma que dejó en un rincón. Apenas se veía en la bodega. Carburo se arrodilló y tomó la barbilla del muerto con su mano; hizo una seña al señor Casiano que no quiso avanzar; Vales tampoco. Dijo algo que nadie oyó. El mozo había apagado la luz y, tras rebuscar en sus bolsillos, Carburo encendió una cerilla.

—A ver si tiene cuidado —rezongó el mozo—; ahí no se puede hacer eso.

Pero no le hizo caso.

—Venga usted aquí, señor Casiano —dijo.

Cuando lo tuvo encima encendió otra cerilla.

—¡Dios santo!

Encendió una tercera.

—Ven aquí, Carmelo —dijo el señor Casiano, temblando.

No encendió una cuarta. Los tres comprendieron al instante que no tenía que encenderla, que cualquier cosa era mejor que la comprobación. Les había bastado un instante para comprender lo que en lo sucesivo callarían.

Era una cabeza ancha y robusta, acoplada a un cuello infantil que nacía de un saco de harina y con los ojos abiertos parecía seguir observando incrédulo y absorto la transmutación de que había sido objeto. El alcohol había desvanecido toda coloración, salvo en las arrugas de las mejillas y ojeras, marcadas por una delgada línea roja, como los insolventes retoques a lápiz en una fotografía borrosa. Un labio superior alzado en un gruñido dejaba ver la punta de un colmillo de oro en el centro de una aureola que el charco de aguardiente parecía destilar de la penumbra, mientras en la bostezante bóveda de la almazara un coro de mudas trompetas cantaba muy lejos la gloria de Mantua.

VI

EN EL CRUCE DEL CAMINO a San Mamud con la carretera de Bocentellas a Ferrellán existía de siempre una
alquería semiabandonada donde pocos meses después
de la incorporación a la Compañía del reemplazo con
que sirvió Luis Barceló empezó a despertarse cierta
animación. Situada en la cuesta y con unos pocos pas-
tos en la parte de la vega, la alquería consistía en una
casa de mampostería y ladrillo de una planta, con la
cubierta a tejavana en su mayor parte hundida, unas
cercas y unos establos y apriscos en completo estado
de abandono. Allí más o menos a fecha fija solían
acampar los gitanos muleros de La Mancha —en su
migración primaveral hacia las ferias gallegas y astu-
rianas—, los segadores salmantinos que con sus hoces
recorrían la comarca durante todo el verano, los ma-
chaquines zamoranos que perseguían las reparaciones
de los firmes y las tribus de acemileros sin nacionali-
dad que andaban siempre a lo que cayera.

Por aquellas fechas se inició una insólita restauración; unos de esos albañiles de cuerda por plomada,
poco cemento y mucho perpiaño, reparó los muros y
la cubierta, limpió el pozo, tiró tres o cuatro pande-

retes, encaló las fachadas y —quizá lo más importante— al tiempo que orlaba los huecos con bandas de azulete, los protegió con rejas de redondo de diez que encargó a un herrero de Ferrellán. Asimismo acondicionó el establo con chapas de bidones, bloques de cemento y unas cuantas uralitas viejas y sobre el portalón escribió con resonantes letras verdes un CANTINA DE SAN MAMUD que apenas duró tres semanas. Tal vez la autoridad militar —propietaria del toponímico— impuso su disciplina y al cabo de un mes, sobre una nueva capa de cal que no llegó empero a borrar por completo la injuria, apareció un extraño BAR DORIA que nadie acertó a explicar y por consiguiente nadie se atrevió a impugnar. Poco tiempo después en el mismo cruce aparecieron pilas de cajas de refrescos y botellas vacías de cerveza y por las mañanas se veía merodear por allí un cojo, «con traza de náufrago de zarzuela», que llevó a algunos —los pocos que pasaban por allí, nadie se detenía— a relacionar la apertura del negocio con una reciente tragedia del mar.

Luis Barceló se había incorporado al fuerte para cumplir su plazo, en compañía de otro muchacho, escoltado por la pareja de la Guardia Civil en conducción ordinaria. Tenía veinticuatro años cuando ingresó en filas, había sido declarado prófugo y fue tallado no en la Caja de Reclutas sino en la enfermería de la cárcel de Ocaña donde cumplía su tercera condena. Tal vez fue sorteado y le tocó Macerta, el Regimiento de Ingenieros; tal vez las autoridades penitenciarias insinuaron la conveniencia de ese destino para despacharlo, sin otros expedientes, tras el período de instrucción y la jura de bandera, a la fortaleza de San Mamud donde serviría en condiciones muy semejantes a las que había disfrutado en Ocaña. Tenía en su haber tres condenas por diversos delitos, algunos a mano armada, con reincidencia y agravantes, por lo que la autoridad militar quedaba encomendada de la custodia del reo hasta el momento de su licencia en que debería trasladarlo para ponerlo de nuevo a disposición de la autoridad judicial.

Jamás —decía— le había faltado un clavel; tenía buenos amigos en todas partes y aseguraba, a los pocos días de ingresar en filas y a quien le quisiera escuchar, que antes de un mes estaría en la calle. En el Regimiento debieron tomarse la cosa en serio y Luis Barceló —que no dormía en la Compañía ni tenía derecho al paseo— no pudo traspasar las tapias durante todo el período de instrucción. En contraste, al poco tiempo de llegar al cuartel empezó a recibir paquetes y a establecer contactos a través de breves mensajes escritos que sus compañeros de armas escondían, al cruzar la guardia, en la bocamanga del capote.

Antes de la llegada de aquel verano, La Tacón y su pequeña corte se habían instalado en una casucha de la carretera de Región, en un suburbio donde menudeaban huertos, chabolas y solares en venta, almacenes de materiales de derribo y acopios de chatarreros, ferrallistas y chamarileros. Poco después la casucha contaba con un alpendre anterior y un almacenillo posterior, formado con cuatro chapas, cuatro tablas y un mallazo, y un sangriento letrero con letras rojas y goterones que decía «Se despachan bebidas» con las eses escritas al revés.

La Tacón apenas se dejaba ver por los militares: dormía en un piso en otra parte de la ciudad y bajaba al establecimiento —que durante el día regentaba el cojo— a la caída de la tarde, después del paseo, y hasta la hora del cierre. Un taxi acudía a recogerla todas las noches con puntualidad y no era raro verla de vuelta a su domicilio en compañía de una chica.

Un mes antes de la jura de bandera —en la primera quincena de julio— había empezado el acondicionamiento del DORIA y un mes después, una vez trasladado Barceló a San Mamud, fue clausurado el local de Macerta que nunca habría de conocer la reapertura.

Con todo, su breve existencia sirvió para que Barceló rehiciese en parte su capital. Aseguraba que había llegado al ejército arruinado. Despachaba vales para los diferentes servicios en el chiringuito —que cobraba intramuros— e incluso para determinados artículos del mercado negro que a precios muy ventajosos tentaron a algunas clases. Cuando fue trasladado a San Mamud tenía encima cerca de veinte mil pesetas, de aquéllas.

El otro joven que acompañó a Barceló en su traslado a San Mamud en conducción ordinaria se llamaba Ventura, Ventura Palacios, era analfabeto y procedía de las tierras de la Paramera donde pastoreaba la oveja. Tenía más de veintiséis años, no estaba sobrado de luces y entre unas cosas y otras llevaba más de un lustro en el cuartel. En su día fue alistado cuando su reemplazo fue llamado a filas y en el sorteo le tocó el Regimiento de Macerta. Se decía entre la tropa que hasta su llegada allí nunca había visto el papel. Estando a punto de cumplir sus veinte meses de milicia murió su padre y el secretario del Ayuntamiento de su pueblo, con encomiable celo, acertó a escribir las instancias dirigidas a la autoridad militar y llevar a cabo todas las diligencias precisas para la licencia del muchacho a la que tenía derecho en cuanto hijo de viuda. Vuelto a su tierra, a los dos años de residir de nuevo en casa murió su madre y como se trataba de un hijo único, en edad militar, al ponerse de nuevo en marcha, pero en sentido opuesto, el mismo procedimiento administrativo que lo había licenciado tuvo que volver de nuevo al Regimiento de Macerta a cumplir el período reglamentario sin que para nada le sirvieran los veinte meses que había servido en su anterior incorporación.

Le llamaban El Cepo, nadie sabía por qué, y hasta la llegada de Barceló que lo tomó bajo su protección, la tropa y las clases le rehuían. Cuando llegó Barceló, su reemplazo —esto es, su segunda quinta— estaba próximo a licenciarse pero un grave suceso no sólo impidió su marcha sino que vino a suponerle un castigo equivalente a la duplicación de su plazo.

Haciendo una noche la segunda guardia en el puesto de las huertas, en la garita más alejada de todo el perímetro, una voz en las sombras le instó a salir de la garita para echar un cigarro y «largar un vacilón». Era una noche cálida y sin luna y Ventura, al parecer, cumplió las consignas: dio el alto y amartilló el mosquetón. La voz se perfiló en una silueta frente a la garita: «Vamos, Cepo ¿con quién crees que estás hablando?» que le persuadió a bajar el cañón y dar dos pasos fuera. Recibió un golpe en la nuca del que despertó horas después para enterarse del suceso sólo a medias: a eso de las cuatro y cuarto de la madrugada el sargento de guardia fue apuñalado con el machete de Ventura en la misma garita, muriendo en el acto, sin duda al acercarse a ella al no recibir contestación a sus voces.

Ventura apenas supo explicar nada. La garita, su mosquetón y su machete fueron sometidos a expediente y él, en compañía de los dos soldados de segunda que acompañaban al sargento en la ronda, a juicio sumarísimo. A consecuencia de todo ello a los dos soldados, que se limitaron a cumplir las órdenes del sargento, se les impuso dos meses de calabozo; el mosquetón y la garita, castigados a dos años de exención de servicio, fueron retirados a la armería y el machete, que lo fue a perpetuidad, destruido y enterrado en la huerta. En cuanto a Ventura Palacios le fueron impuestos cuatro años de servicio y seis meses en régimen de prevención que debería cumplir en el fuerte de San Mamud.

VII

EL SIGUIENTE MARTES llegó un joven de poca estatura a la Casa Zúñiga, como al parecer había sido concertado. No había nadie en el lugar; un perro ladraba por entre las huertas y frutales de la ribera y la fronda y la lámina de agua conferían al sonido un carácter mecánico.

El joven vestía una cazadora de tela de gabardina, pantalones de mahón y botas camperas. Un ostensible y enorme reloj de cadena metálica adornaba su muñeca y como todo equipaje traía una bolsa de lona de vivos colores, con cierre de cremallera, que dejó frente a la casa.

Fuera no había otro signo de animación que una ropa muy diversa colgada de la cuerda y un montón de lana, sobre una sábana vieja, para ser cardada.

El zaguán estaba fresco, recién baldeado, y del piso de arriba a través de persianas y puertas entreabiertas, llegaban voces femeninas, en una conversación queda, como el zumbido de una única mosca infatigable en un amplio salón en penumbra.

El joven golpeó la aldaba del portalón pero no obtuvo la menor respuesta. Se acercó al arranque de la escalera y dio una voz que no interrumpió la conversación de las mujeres. Luego, casi sin relación con su llamada, una voz de hombre fuerte y acre ocupó todo el recinto y sin duda buena parte del valle, desalojando por un instante al sol de su dominio del mediodía:

—¿Quién anda ahí?

El joven dobló el cuello para mirar hacia lo alto de la escalera:

—¿No es aquí la casa Zúñiga?

—¡Queréis callaros de una vez, hostia! —rezongó la voz hacia otra dirección. Luego volvió hacia abajo—: ¿Quién anda ahí? ¿Qué quiere?

—¿Es aquí la casa Zúñiga?

—¿Qué quiere?

El joven en realidad no sabía si quería algo.

—¿Qué quiere, hostia, qué quiere? ¿No os podéis callar de una vez? —la voz parecía venir de fuera.

El joven abandonó de nuevo el zaguán para observar la era y el camino hacia el río. El día era tan claro y el mediodía tan cálido que todo el valle parecía sacudido por imperceptibles espejismos, una aglomeración pasajera y fortuita de reflejos estabilizados en numerosos impactos. Una ventana se hallaba abierta.

—¿Se va por ahí al río?

Dentro se oyó de nuevo la voz del hombre o más bien la voz viril de la casa, acompañada del bajo continuo femenino, instantáneamente acallado por el estrépito repentino de la campana, detrás de los muros.

Del otro lado del río apareció Amaro, acompañado del chucho, arrendando la cabalgadura al tronco de un sauce. El perro saltó al esquife, se colocó en proa para dirigir la maniobra y, suspendiendo su serie de tres ladridos, comenzó a jadear.

—¿Es usted Amaro? —preguntó el joven, cuando

la proa del esquife tocó la orilla izquierda. El perro saltó a tierra, dio un par de vueltas meneando la cola, orinó dos veces y volvió al esquife al tiempo que Amaro decía:

—Vamos.

Apenas le miró, como el cobrador de un tranvía al pasajero, un día de escasa afluencia de personal, absorto en sus propias cosas. El joven tampoco se fue de palabras. Cuando atracaron en la otra orilla Amaro cogió la bolsa y la ató al lomo de la caballería, uno más —se diría— de los servicios por los que había sido contratado.

Fue una caminata de tres horas a lo largo del camino que partiendo del pontón bordeaba el Hurd, adentrándose en la meseta. Desde la casa de Amaro, situada en un altillo en los piedemontes de la sierra que dominaba una extensión de terreno que no se podría recorrer a caballo en una jornada, no se veía ningún signo de habitación porque un cerro ocultaba la torrecilla de El Salvador, a menos de una legua de allí. La casa sonaba; no olía ni alteraba el paisaje —un campo de terrazas, las torrenteras en forma de espiga cavadas en las margas yesíferas adosadas a las cuarcitas y pizarrones de la montaña, alguna serna cultivada, unos olmos aquí y allá, unas gabas de carrasca y un horizonte azulado roto por las cranelaciones de robles y enebros en permanente vigilia de la virginidad de sus alturas— pero sonaba; como si todo el apetito musical de la sierra se redujera a silbar por el filo de sus esquinas y los conductos de sus huecos las inaprensibles melodías de su desvergonzada y desapasionada melancolía.

—Hemos llegado —dijo Amaro, al tiempo que dejaba en el suelo la bolsa, sin molestarse en hacerle entrega de ella ni indicarle otro camino que el de la cuadra.

—Jefe —dijo el peón.

—Te callas —contestó Amaro.

VIII

LLEGARON A MEDIA TARDE, tras una caminata de cuatro
horas por el monte sin que se cruzaran con otros seres
vivos que unas cuantas parejas de urracas. Esperaron
tres horas más, en una viña abandonada, junto a un
chamizo que en tiempos había servido para guardar
los aperos de labranza y donde se conservaba la car-
casa del pequeño motor de explosión de una bomba.
Desde allí se oían los toques de corneta del fuerte, demasiado lejanos y envueltos en la soledad para seguir
siendo órdenes; habiendo perdido su propiedad ejecu-
tiva sonaban como una repetición intemporal —el eco
de un Roncesvalles ansioso de resucitar hazañas entre
mugidos— en una edad sin cornetas, tan sólo domina-
da por el clima, desterrados a un purgatorio de efectos
obsoletos, entre viejos mosquetones e inútiles atalajes.

Amaro había llevado su escopeta que dejó apoyada
en el tronco de una encina a cuya sombra se sentó, en
el mismo lindero de la viña y al borde del barranco.
Era un hombre que sabía esperar, no tenía que matar
el tiempo. Lo había hecho toda su vida. El otro no.
Tenía que fumar y levantarse y dar unos pasos y cor-
tarse las uñas con una pequeña cizalla de acero inoxi-

dable que en cada pellizco hacía volver la cabeza de
Amaro, como si entre ambos formaran un automatismo.

En el centro de la viña, en un lugar bien visible
desde el otro lado del barranco, habían colocado la
señal convenida, un palo con un paño rojo atado a la
punta.

—Las seis y media. Tenían que estar aquí. ¿Qué hacemos si no vienen?

—Volvernos por donde hemos venido —repuso
Amaro.

—¿Hasta qué hora esperamos?

—Hasta la hora de volver —contestó Amaro, para
cortar la conversación. El joven miró el cielo con fastidio y cuando comprobó que Amaro no le veía, dirigió
a su espalda una mirada de desprecio que repitió para
con la mula. Luego se tumbó bajo la otra encina y
apoyando la nuca en sus palmas intentó dormir pero
no pudo mantener los párpados cerrados más de un
minuto ni la misma postura más de cinco. Encendió
otro cigarrillo, le dio cuerda al reloj —observándolo
como si fuera la primera vez que lo tenía en sus manos— y se entretuvo en perseguir un escarabajo bombardeándolo con una piedra y hostigándolo con la punta
de la bota cuando simulaba estar muerto o quedaba
panza arriba; tras cada nuevo impacto, el bicho cambiaba de dirección, cubierto de polvo. Antes de que
lograra refugiarse bajo un matorral el joven acabó
con él a taconazos. Y cuando reventó, de sus órganos
—limpios de polvo— brotaron las bandas de un arco
iris subterráneo, las galas de sedas y metales empavonados de una exquisita preparación mortuoria.

—Ahí están —dijo Amaro.

El otro se levantó de un salto.

Dos figuras kakis se habían encaramado a un pequeño risco, al otro lado del barranco.

El joven dio un silbido, apretando la lengua contra los dientes y metiendo el labio inferior entre ellos. Otro silbido exactamente igual fue la contestación. Amaro no se movió.

Apenas llegaron se quitaron los jerseys, los monos y las botas que metieron en la bolsa de lona para cambiarse por las ropas y alpargatas que había en ella. Al otro, que sólo era un poco más alto que Barceló, le venía todo pequeño; se ató las alpargatas de una extraña manera, bajo la suela.

Barceló echó un trago de la bota, que contenía una mezcla de vino y aguardiente.

—No me gusta esa escopeta —fue lo primero que dijo, dirigiéndose a Amaro.

—No pensaba venderla —contestó el otro, mientras desmontaba los cañones.

—Los recuerdos de familia —dijo, mientras se pasaba la correa que había sacado del mono. Era una correa muy ancha con una hebilla historiada, tachonada de antiguas carabas—. ¿Andando? ¿A qué esperamos?

—Andando —dijo Amaro, colgando la escopeta de la caballería y atando de nuevo la bolsa al lomo.

—¿Cuánto hay de camino?

—Lo que hay de aquí a mi casa —repuso Amaro, con intención cortante.

—Unas tres horas —informó el joven, con un tono más conciliador.

—Vamos —dijo Barceló. Tenía un pelo bastante largo, de color de aceite quemado y muy graso, que le caía por igual a ambos lados de la cara en dos guedejas en forma de hoces que a veces se ajustaba tras las orejas. Era muy delgado, hasta algo demacrado, y tenía unas manos finas; la uña de su meñique izquierdo medía lo menos cuatro centímetros y rebasaba ampliamente el anular; de tanto en tanto se extasiaba contemplándola y le daba lustre frotándola contra el hombro.

—¿Nos vamos andando? —preguntó Palacios, siempre algo atrás.

—Tranquilo, Ven; tú tranquilo —le amonestó Barceló, en un tono de superioridad que tenía ya ensayado.

Amaro había desperdigado las heces de la mula; se puso en cabeza, tirando de la rienda, y echaron a andar monte arriba por un camino de cantos en mal estado. Detrás iba Barceló y Palacios cerraba la fila; en los repechos Barceló se detenía con frecuencia para recobrar aliento; no tenía mucho pulmón. Sonreía sin despegar los labios.

—Tranquilo, Ven; tú tranquilo.

Cuando llegaron a la casa —una noche sin luna— eran cerca de las tres de la madrugada. No había una sola luz y todo el mundo dormía; pero las esquinas silbaban y crujía la madera; las tejas se removían sólo por la noche porque a causa de su trabajo rutinario y colectivo, padecían de un sueño muy ligero y la fronda, a oscuras, buscaba una manera de romper el voto de silencio impuesto por una jerarquía que a veces desaparecía.

Amaro les condujo a una bodega, entre la casa y la cuadra, donde antes guardaban el aceite. Había acopiado cuatro carretillas de paja, había rellenado unas arpilleras y extendido unas mantas viejas y pesadas. En el suelo dejó una botella con una vela; también había un botijo.

—Cuidado con el fuego —fue su despedida.

La mujer y la niña pelaban, a la puerta de la cocina, las pochas de un montón considerable sobre una tela de colchón. Echaban las vainas a un cesto —para alimento del ganado— y las pochas a otro.

—¿Habrá algo para desayunar? —preguntó Barceló, echándose el pelo tras las orejas. La mujer se levantó, sin siquiera contestar:

—Tú sigue ahí —dijo a la niña.

La mujer cortó varias rebanadas de una enorme hogaza de pan de centeno y de una orza sacó una tira de tocino.

—Ahí tiene —y volvió a su puesto, en la silla baja de anea, para seguir con las pochas que cogía y pelaba sin quitar la vista de encima del joven; tan sólo de vez en cuando se volvía hacia la chica, para apartar sus dedos de la boca.

—¿La chica es suya? —preguntó Barceló mientras masticaba su último bocado.

La mujer negó con la cabeza:

—Es de Amaro. Es la pequeña de Amaro.

Los otros dos se habían acercado. Barceló hizo un gesto autoritario para indicar el camino de la cocina y la conveniencia de mantenerse al margen. Se acuclilló y cogió una vaina, con un gesto de desinteresada colaboración que la mujer ni rechazó ni agradeció:

—¿Cuántos hijos tiene Amaro?

—Cuatro.

Barceló se metió en la boca una pocha cruda. La masticó y la escupió muy lejos, con un enérgico disparo por la comisura.

—¿Es usted pariente de Amaro?

La mujer negó con la cabeza sin dejar de mirarle de frente, con una expresión inmutable, con esa inexpugnable y permanente hondura de la cara paisana, siempre en el límite de su razón.

—¿Y tú como te llamas? —preguntó Barceló, al tiempo que desmochaba otra pocha.

—No habla —dijo la mujer.

—¿Nada?

—Nada.

—¿Pero nada, nada?

—Entiende algo pero no habla nada.

La chica rió y emitió un breve gruñido para a continuación meterse dos dedos en la boca que la mujer apartó en seguida de un ligero manotazo.

Los otros dos salieron de la cocina, el pequeño mordisqueando insistentemente el tocino con la boca llena de pan; el otro, siempre un poco atrás, no sabía sino aguardar instrucciones.

—¿Te vas a dedicar a las judías?

—Tócame la Marcha Real. ¿Por qué no os vais a jugar al patio?

El pequeño lanzó lejos un resto de corteza de pan y se dirigió a las cuadras, golpeando una piedra con la punta de la bota. La mujer le observaba con idéntica fijeza, guiada de un certero instinto para detectar el peligro.

—Nos hemos ganado unos días de vacaciones. ¿Qué se puede hacer aquí, aparte de la siesta?

La mujer se encogió de hombros. Recogió el puñado de judías de su delantal y lo volcó en el cesto pequeño.

—Vamos —dijo a la niña.

Barceló la siguió hasta la puerta de malla del gallinero, hurgándose los dientes con un tallo seco. Sacó un duro del bolsillo y jugueteó con él entre sus dedos finos y nudosos, pasándolo de uno a otro sin apenas moverlos. Ensayó sin un error tres o cuatro juegos de habilidad mientras la mujer repartía la comida y reponía el agua en los pocillos, sin hacerle caso.

—Debe ser muy duro todo el año aquí. ¿Qué se puede hacer en un lugar así?

La mujer no contestó.

—Hijos. O mierda.

Los otros dos jugaban al naipe acuclillados en el suelo a la puerta del establo. El pequeño echaba y recogía las cartas en un juego que el otro no se esforzaba en comprender.

—Te voy a hacer la cama.

—Déjalo ya, tú.

El pequeño soltó una procacidad que el otro recibió sin la menor muestra de afectación.

—Déjalo ya, te digo.

—No te jode, el pana. ¿Por qué no lo educas un poco?

Barceló se echó el pelo hacia atrás y restregó la uña contra el paño de su camisa.

—Ya te irás acostumbrando.

—De eso nada. Yo me largo mañana; aquí no se me ha perdido nada.

—Tú te quedas hasta que yo diga, chaval. ¿Te has enterado, chaval?

El otro hizo un guiño.

—No te jode si me he enterado. Pues claro que me he enterado, no te jode. ¿Qué puede pasar? Nos largamos mañana y pasado en el foro, ¿y qué?

—Eso ¿y qué? Y de vuelta a la trena pasado mañana. ¿No sabes que van a estar cuatro días buscándonos? Es que no te enteras. Que van a estar vigilados los caminos, chaval. La pareja.

El pequeño sacó un cigarrillo. Barceló le quitó otro

de la cajetilla y le permitió que se lo encendiera. Barceló fumaba apenas; le gustaban los puritos y despreciaba toda clase de tabaco en papel.

—Y luego, ¿qué?

—Hay una pasta, joder, ya te han dicho que hay una pasta. ¿O es que no te has enterado? ¿O es que has venido aquí a ciegas?

El pequeño barajó y ofreció el mazo a Ventura:

—Coge una carta.

El otro obedeció.

—Pero devuélvemela, joder. Métela ahí.

Ventura obedeció. El pequeño barajó con habilidad de profesional; dejó el cigarrillo sobre un canto, se mojó con la lengua la yema del pulgar, hizo unas cuentas y echó la carta al suelo boca arriba.

—Era ésa.

Mientras barajaba de nuevo, se dirigió a Barceló:

—Luis, si tenemos que estar unos días ¿por qué no nos traemos unas gachís del Doria?

Ventura resopló y sacó algo la lengua.

—Tú estás lila, chaval.

El pequeño para insistir buscó el apoyo de Ventura que le miraba parpadeando, con la boca entreabierta.

—¿A que te gusta la idea? Un par de gachís para Luis y para mí y tú nos miras, ¿qué te parece?

Ventura volvió hacia Barceló la mirada de súplica que procedía de un estado anterior a su imaginación, una petición elevada desde el espacio del hambre.

—¿Por qué no te callas de una vez?

—¿Es que he dicho algo malo? ¿Es que es tan difícil, joder? Nos las traen hasta la casa del río y el tío ese que las vaya a recoger con la mula. Un rato a pie y otro en mula. Así ya llegan movidas. ¿Qué te parece?

—Que te calles, es lo que me parece.

—La leche que te han dado esta mañana, Luis.

Guardó el mazo de cartas en el bolsillo trasero del pantalón y se dirigió al gallinero mientras Barceló le seguía con la mirada.

—Luis... —susurró Ventura, sin alterar la expresión de súplica.

—¿Qué te pasa a ti?

—Las chicas...

—Cállate tú también. No pienses en eso. Ya tendrás chicas cuando salgamos de aquí; no pienses en eso —dijo, con la mirada puesta en la dirección del gallinero.

A la puerta del gallinero dio dos silbidos, el primero muy breve y el otro muy largo y más alto. El pequeño asomó del cobertizo, desagradablemente sorprendido.

—¿Qué hay?

—¿Qué haces ahí?

—¿Es que no puedo dar un paso, me tienes que seguir a todas partes? —Intentó un tono más persuasivo—. ¿Has visto lo que hay ahí, Luis? ¿Por qué tenemos que comer esa bazofia, es que no apetece una pechuga de pollo?

—Venga, sal de ahí.

—Vamos, Luis, ¿cuánto hace que no te comes un pollo?

—Sal de ahí, te digo.

—Te estás pasando, Luis, que te estás pasando.

—Ladrón de gallinas; ladrón de mierda.

IX

CUANDO LLEGÓ AMARO los tres jugaban al naipe.

—¿Se ha visto algo? —preguntó Barceló.

—Yo no he visto nada —repuso Amaro, mientras desencinchaba la mula—. ¿Qué coño iba a ver?

Por primera vez se sentaron a la mesa, los tres juntos en un extremo. La mujer les sirvió un potaje de garbanzos y una rebanada de pan. El vino de Amaro era ligero y agrio, con algo de sabor a pellejo. Amaro era viudo desde hacía algunos años; su hijo mayor tenía un coche al punto en Región y el pequeño trabajaba en un taller de Barcelona. Los dos le visitaban, al menos una vez al año. De la segunda no sabía ni quería saber nada.

—Jefe —dijo el peón, con la boca llena y la cara humillada sobre el plato—, habrá que reponer los cepos.

Amaro asintió con un respingo. Nadie hablaba si no tenía la boca llena. Cuando acabó la cena Amaro aportó el tabaco: una vieja caja de Farias con una mezcla de hebra y picadura y un librillo de Abadie que pasó primero al peón y luego a sus huéspedes. Barceló lo rechazó. Cuando hubo encendido el cigarrillo Amaro anunció:

—Os iréis el sábado por la tarde, es el mejor día. Os acompañaré hasta la casa Zúñiga y allí os arreglaréis. Saldremos a las cinco. Lávale un poco la cara a esa chica, mujer.

—Buenas noches, jefe —dijo el peón, poniéndose en pie.

—Vosotros también, venga —dijo Amaro, al tiempo que removía la mezcla de tabaco.

Luis Barceló hizo un gesto con la cabeza y los dos se retiraron. Cuando quedaron solos, preguntó:

—Y una vez en la casa Zúñiga, ¿qué?

—Vendrá un coche a recogeros. Es lo previsto; me han dicho que vendrá un coche a recogeros. Yo termino en cuanto os lleve allá.

—Y si no viene el coche.

—A mí qué me cuentas. Yo termino en cuanto os lleve allá. Luego es cosa vuestra. Pregúntaselo a quien tú sabes.

—Supongo que ha habido bastante pasta por medio. Supongo que si no es por la pasta usted no hace nada.

—Supones bien.

—¿Y cuánto ha sido?

Amaro lió un segundo cigarrillo:

—Eso a ti no te importa —dijo.

—Es por saber lo que valgo, jefe. No se enfade. Por mí que se pueda usted retirar con toda una pasta. Pero me gustaría saber en cuánto me valora el señorito Peris.

—En poco —respondió Amaro, levantándose de la mesa y haciéndose con la lámpara de carburo—. Vamos.

Cuando entró en la bodega, Ventura ya dormía boca arriba mientras el pequeño hacía juegos de naipes a la luz de la vela.

—Este pedazo de cabrón. ¿De dónde has sacado esta medalla, Luis?

Como si le hubiera alcanzado la pregunta en la inconsciencia, como si desde los dominios del sueño respondiera de la pureza de su estirpe, Ventura lanzó un violento ronquido que le hizo volver la cara para dejar caer la cabeza en el muelle acomodo de una brutal inocencia.

—El domingo que viene en el foro —dijo el pequeño, sin apartar su atención de los naipes.

—El foro —dijo Luis Barceló, tumbado sobre la paja, con la vista clavada en la bóveda de la bodega.

Al cabo de un rato volvió a llamarle pero no replicó. Un ligero silbido emanaba de sus labios entreabiertos, un tanto crispados en un rictus de impaciente soberbia, esa inalterable mueca de desdén con que el bailarín debe ejecutar todo su número. Entonces se levantó, se despojó de las botas y dejó el pábilo, agitada su llama por imperceptibles corrientes que provocaban, sobre la bóveda, sombras sometidas a un temblor ferroviario, en el umbral de la bodega.

Toda la casa dormía y sólo los conejos saludaron su presencia con círculos concéntricos y secantes, repetición de un mismo estampillado ordenado y caótico. Se colocó a la cabeza de la barra donde dormían las gallinas, con sus cabezas hundidas en sus pechugas en posición ovoide, y en su misma dirección. Con dos dedos dio un golpe seco en el extremo de la barra y los dos mismos dedos trazaron en el aire una certera y rápida trayectoria paralela a ella hasta segar el cuello de la primera gallina que despertó para caer con la cabeza como el lazo laxo de un envoltorio tirante, ante la inmutable mirada de los conejos del otro lado de la malla.

La desplumó a la puerta del corral. Le quitó las vísceras, la cabeza y las patas y todo ello lo envolvió en una hoja de periódico que había llevado consigo. En otra hoja envolvió la pieza que, marchando a gatas, escondió bajo la arpillera que le servía de cabezal.

Apagó el pábilo. Cuando estaba a punto de dormirse le despertó la voz de Luis Barceló, tan nítida en la oscuridad que pareció dibujar en la bóveda el desprecio de su sonrisa cerrada.

—Ladrón de gallinas.

X

LE DESPERTÓ un grito breve y bajo que salido de la oscuridad no logró con todo despejar su sueño. Trató de recuperarlo pero la repetición le obligó a incorporarse. Hacía calor, abandonó el lecho y metió las muñecas en la pileta y al mojarse la cara el grito golpeó con toda su violencia el bruñido timbal de la tarde, para apagarse en un cielo de bronce.

La mujer contra la pared aún sostenía la sartén por el mango. Cuando se abalanzó sobre ella la sartén golpeó el sillar del esquinazo y Ventura la agarró por las muñecas mientras el otro intentaba hurgarle en las faldas, contra sus piernas inmóviles. La niña se había sentado en el suelo, con las dos manos metidas en la boca en una actitud de imbécil estupor.

Barceló recogió de la cuadra un mango de azadón y dio la vuelta a la casa para situarse detrás de Ventura sin ser visto. La mujer había alzado las rodillas para descubrir una masa de carne descolorida, sin forma alguna, como el pálido corazón de una berza entre hojas etioladas. Sin mucha fuerza, le clavó la punta del mango en el riñón:

—Vamos, Ven, suéltala.

El otro la soltó al instante y la cabeza de la mujer

dio en el suelo con los ojos abiertos, en el centro de sus órbitas, sin pizca de inquietud. El pequeño alzó la mirada, dio a gatas dos pasos hacia atrás y sujetándose los pantalones se incorporó a medias. Barceló empujó hacia delante a Ventura, poniéndole la palma en el centro de la espalda.

—Vamos, Ven, dale —le dijo.

Sintió en la espalda sus fuertes convulsiones, todo su cuerpo temblaba.

—Tranquilo, Ven. Dale lo que se merece.

Pisó con la bota el brazo de la mujer que lanzó otro breve aullido y giró su cuerpo para quedar recostada de lado con los ojos inmóviles a un palmo del suelo, y descargó de arriba abajo un puñetazo sobre la cara del pequeño que cayó de culo. Con el mango de la azada tocó el brazo de la mujer, con cierta suavidad.

—Levántese, mujer.

Se colocó frente al pequeño, fuera del alcance de sus pies. Ventura le dio una patada en el hombro que lo derribó del todo.

—Para, para. Dile que pare, Luis, dile que pare. Me cago en su madre, dile que pare.

La mujer se levantó y se sacudió el polvo de las faldas; tenía un arañazo en un codo.

—Haz lo que quieras.

Recogió la sartén y dio un manotazo a la niña que sacó las manos de la boca. Luego se lavó el arañazo del codo bajo el grifo.

—Deje usted eso ahí. ¿Dónde va con eso?

Entonces se dio cuenta que estaba empapada en sudor, sacudida por intensas palpitaciones de ondas muy cortas, como un insecto moribundo, a excepción de los ojos. Apenas acertaba a poner el brazo bajo el chorro y su respiración parecía coartada por un obstáculo que producía un periódico ronquido y un silbido continuo.

—¿Por qué no se quita eso?

—¿Y usted? ¿Por qué?

La agarró por la muñeca y sostuvo su brazo bajo el chorro, en un doble intento de calmarla y lavar el rasguño que no surtió todo su efecto. En la penumbra despedía un aroma distinto, a sudor, colchón y pelo.

—¿Por qué no se van de una vez?

Se acercó a la puerta.

—¡Ven!

El otro asomó medio cuerpo tras la esquina. De su mano colgaba el mango de la azada.

—Déjale ya. No le pierdas de vista. El hijo de puta —dijo, dirigiéndose de nuevo a la mujer. Para añadir—: ¿Por qué no se echa un rato?

Pasó junto a él y le rozó la camisa con el hombro. Descorrió la cortina de tela de colchón y abrió una de las hojas de la doble puerta; rezongaron los muelles del jergón y un objeto cayó al suelo. No tardaron sus gemidos.

Era una habitación angosta y oscura, casi toda ocupada por una cama metálica y un arcón, con un ventanuco, una palmatoria y una estampa del Sagrado Corazón; las paredes pintadas de azulete hasta media altura padecían de manchas de humedad y el suelo de baldosa se hallaba abombado.

—¿Por qué no deja eso de una vez? ¿Dónde va con eso? ¡Maldita sea!

Barceló se echó las guedejas hacia atrás; toda la luz de la penumbra parecía concentrarse en la uña de su meñique. El aroma del cuarto produjo en algún centro receptor una alarma intolerable y una reacción inmediata que empero pronto se esfumó. Puso la mano sobre el testero de la cama y todo el armatoste rechinó.

—Maldita sea la leche que le han dado. Métale en su casa para eso. Un marido, joder, un hombre.

Estaba sentada junto al testero, con las piernas abiertas y los codos sobre los muslos. Con rapidez la mano de Barceló se hundió entre sus pechos pero ella no se movió; la mano recorrió los dos pechos inmóviles y grandes, demasiado pesados para verse agitados por el temblor que dominaba su cuerpo.

—¡Déjate ya, joder! ¿Por qué no dejas eso ahí?

La tumbó y la penetró sin apenas desnudarla, sin apenas esforzarse, pero en un instante quedó impregnado de todo su sudor sin haber consumado el acto, jadeando violentamente. Entonces la mujer lo enlazó con sus robustas piernas y le obligó a penetrarla de nuevo, levantando un vientre en ebullición con las amplias burbujas y los blandos eructos de una olla de jabón de sosa y grasa al fuego lento casi embozada la boca y los ojos desprovistos de una animación que había reclamado todos sus recursos en otro sector. Una vez más Barceló desistió —jadeando y desgreñado a cuatro patas— y una vez más fue incoada la repetición del intento a despecho de la carne, del sudor, del lamento de los muelles y la sibilina mirada de la imagen sagrada que —se diría— observaba la escena con beneplácito y un punto de inconfesable regocijo. A la tercera la mujer lo consiguió y agarrada a los barrotes de la cama abrió las piernas en aspa, tensas como cables, cerró los ojos y rugió, echando un poco de baba.

Se retiró a gatas, empapado de sudor, con un torbellino en la cabeza e innumerables punzadas en la frente. Era el mediodía, un mediodía dividido a medias entre triángulos de sombra y soleras movedizas. Del hueco de la hoja entreabierta emanaba el estertor de una cisterna mal cerrada, el apenas sonido que servirá de solio al monumento de silencio de un apartado rincón de la sierra apenas habitado. Cuando apartó la media hoja de la puerta, la mujer estaba sentada en el mismo borde de la cama, igual que antes.

—Venga, leche, levántate; te va a pillar tu marido.

—Ven otra vez —sus ojos no parecían mirar, enfocados hacia un punto más allá de toda visión—; otra vez.

—Anda leche con la tía; venga, levántate.

—Tócame otra vez; aquí.

En el umbral de la cocina escuchó de nuevo el gemido del jergón, un rugido del mismo tono que la penumbra, en una diurna masa amorfa sin fluencia hacia el devenir. Cuando entró de nuevo estaba acostada, mirando tranquilamente el techo. Entonces reparó por primera vez en la palangana, un poco de estropajo y una a medias gastada pastilla de jabón lagarto sobre la baldosa.

En la puerta de la cocina le esperaba el pequeño, con el mango de la azada en la mano.

—¿Qué tal?

—¿Que tal qué?

—Parece que hubo reenganche, ¿eh? Y ahora, ¿qué? ¿Me permite el señorito?

—¿Dónde está Ventura?

—Yo qué sé.

La mujer apareció en la cocina, sus ojos fijos, sujetos a una mirada atenta de nuevo al orden. Junto a la cuadra y debajo de la acacia la chica estaba sentada de cuclillas pero sin las manos en la boca sino entre las piernas, ocultas por las faldas. El labio superior alzado por un sabor extraño dejaba ver sus dientes y algo indefinible empañaba su cara, traspuesta del éxtasis de su estolidez hacia una infinitesimal experiencia que su mente no se ocuparía en indagar ni registrar. Cuando le vio movió las rodillas y lanzó un breve gemido y cuando pasó de largo hacia la bodega volvió de nuevo sus manos a la boca con impaciente ansia.

Sobre el lecho de paja dormía Ventura boca abajo; no roncaba pero en el sueño, con la boca abierta, respiraba con hondura el aire turbio de un limbo sin fechas ni acaso formas, en la inquieta nubosidad de un deseo aplacado que deja su paso a otro, todavía inmaduro.

XI

CUANDO EL DOCTOR SEBASTIÁN llegó a media hora de la
tarde a la casa ya estaba allí Fayón, detrás de la muchacha que abrió la puerta, atento a la única llamada
que esperaba y se había de producir. Un gesto con el
índice sobre los labios —pero no de perfil como para
reclamar silencio sino con la yema hacia ellos— les
bastó para comprenderse mutuamente. Sólo cuando
la muchacha abandonó el vestíbulo, el doctor sacó del
bolsillo de su chaqueta (el doctor vestía siempre de
negro, de un mismo luto que había perdido vigor a lo
largo de veinte años o de un gris oscuro que se había
ennegrecido durante el mismo plazo por falta de luz)
un pequeño envoltorio en papel de farmacia que entregó a Fayón con cautela. Fayón había vuelto a Región unas cuantas semanas antes, tras un exilio en
América de quince años.

Bastante antes de la guerra, el doctor Sebastián
había llegado a adquirir en pocos años cierto renom-
bre en la comarca, como hombre serio, apasionado de
su profesión, sobrado de conocimientos y dispuesto a
cualquier hora del día o de la noche a coger su im-
permeable, su paraguas, su cabás y su caballo para
acudir a la cama del enfermo. Se casó con una mucha-

cha muy humilde —la hija de un guardaagujas— y fracasó en su matrimonio porque, al decir de algunos o alguna que le habían conocido bien, al no prosperar su unión con una mujer a la que había perseguido con ahínco, lo único que buscó fue el fracaso de su matrimonio, la eliminación de una posibilidad que sólo consumándola podría apartarla de su horizonte. Todo un homenaje a una mujer que se tragó el monte que, como decía el propio doctor, si algo había enseñado a sus vecinos era que para la supervivencia «era preferible el desprecio al temor».

Y quién sabe si gracias en buena medida a su poco afortunada vida doméstica tuvo el doctor Sebastián el raro privilegio de disfrutar de un aprecio y un prestigio en una tierra donde aprecio y prestigio habían sido desterrados al tiempo que la prosperidad, para no ser substituidos sino por sus complementarios en la decadencia, el desdén y la desconfianza. Incluso llegó a hacer unas perras, enviudó y además de mantener abierta una consulta en una casona de la carretera de Región, no lejos de la parada del ordinario, pudo adquirir en una fecha entre la proclamación de la República y la Revolución de Asturias un pequeño Morris de segunda mano, algo más que un coche de niño con un motor y dos faros, tan enlutado como él, que si no sirvió para que alcanzase con mayor premura la cama del enfermo al menos indujo en la comarca la confianza de estar a la altura de los tiempos, con una ciencia que se motorizaba en contraste con una cruz que seguía a pie, detrás de un monaguillo y una fúnebre campana, para hacer entrega al moribundo de sus específicos consuelos. Y sirvió sobre todo para hacer más pública y casi ubicua la figura del doctor, con el coche en la cuneta y el capó abierto, inclinado sobre el motor con las manos dentro, las manos que con el mismo esmero, delicadeza y quizá frecuencia se aplicarían a la pipa del delco o a los chicleres que a la cesárea o la hidropesía. Poco después de la compra del vehículo, el doctor vendió su caballo a don Modesto por un precio muy razonable pues aunque se trataba de un animal entrado en años, era muy seguro y llegaba a todas partes. Fue un gesto en un principio recibido con desagrado y hasta censurado por parte de ciertos elementos republicanos y progresistas que, teniendo al doctor por uno de los suyos, no se avenían bien con aquella medida que tanto facilitaba las funciones del párroco. Pero andando el tiempo se vino a reconocer con unanimidad la nobleza del doctor Sebastián quien comprendió que el más apropiado heredero del caballo no era otro que don Modesto Relaño si una práctica no debía cobrar excesiva ventaja sobre la otra, menos favorecida por el signo de los tiempos. Así que despachados los dos hacia el mismo destino no era infrecuente ver cómo don Modesto, cabalgando mansamente, las manos sobre los vasos de los aceites apoyados en el borrén y oscilando su cabeza y su bonete a un compás dormilón, detrás del monaguillo que sujetaba con la izquierda la rienda y con la otra la cruz alzada de las ánimas, adelantase al doctor (hundido con las manos negras en la reparación de la avería) con aquellas en el fondo escépticas y siempre idénticas palabras: «Ah, doctor, doctor; la ciencia, la técnica; las cosas, las cosas, doctor», y que, al parecer, a quien más daño debían hacer era al caballo que no podía reprimir volver, sin dejar de caminar, su cabeza hacia su antiguo amo para comprobar con pena cómo la joven y moderna rival que le había desbancado sólo había logrado, con sus muchos encantos y ventajas, acarrearle más numerosos disgustos, trabajos, demoras y sinsabores.

Pero la guerra acabó con toda la vida activa del doctor. Lo primero que liquidó fue el Morris que, tras una breve juerga entre milicianas, monos y mosquetones, terminó sus días arrumbado en un repecho de Socéanos, sin ruedas, sin capota, sin volante, sin asientos, con el radiador acribillado a balazos y las puertas abiertas, pintarrajeadas con las siglas proletarias. Pero luego fueron sus amigos, sus escasos adversarios, sus parroquianos, su práctica profesional y su entusiasmo. Todo ello voló y en la primavera de 1939 el doctor Sebastián quedó tan solo que se cuenta de una ocasión en que un paisano acudió a su consulta preguntando por el doctor Simeón. «¿Simeón?» —preguntó respondiendo el doctor—. «No, Sebastián. No, tal vez tiene usted razón; eso es, Simeón, Simeón ¿por ventura me trae usted la columna?»

En honor a la verdad, nunca pasó por la cabeza del doctor la idea de abandonar aquella tierra. Y si en 1936 algunas voces amigas le susurraron la conveniencia de escapar de su casa, pues nadie en aquellas fechas podía verse a resguardo de un crimen arbitrario —y sobre todo una persona educada y acomodada que careciera de una definida coloración—, todos los que convivieron con él los años de la guerra y asedio —en que el doctor trabajó sin faltar un día en un hospital de sangre de Región— le instaron a que les acompañara en la diáspora obligada por el triunfo del enemigo. Pero en ambas ocasiones el doctor se negó a moverse. La suerte había que aceptarla allí, solía decir, «porque yo no estoy preparado para la lucha» y escapar sería para él «la forma más racional y penosa de luchar», «la manera de aceptar la continuación del combate». El doctor no se veía a sí mismo fuera de Región y no abandonaría su tierra no porque entonces dejaría de entenderse sino, antes al contrario, porque tal vez de esa forma llegaría a comprender una naturaleza que no quería despreciar desde las instancias de la razón práctica. Se quedó, completamente solo, sin amigos ni adversarios. Todo se redujo a unas cuantas vejaciones a que le sometieron los jóvenes que entraron en triunfo de Región —triunfo que no estaba respaldado por ninguna victoria absoluta, en ninguno de los terrenos— y a otros tantos actos de comprensión y reparación por parte de otras jerarquías más tolerantes y amistosas, que incluso —conocedoras de su integridad y competencia— le ofrecieron una beneficiosa colaboración con el nuevo Estado que el doctor Sebastián rechazó sin demasiados quebraderos de cabeza.

En los diez años que siguieron a la guerra el doctor siguió ejerciendo la profesión de médico rural, pero con menor fortuna que en la década precedente. Se vio obligado a comprar un nuevo caballo —no a don Modesto a quien se lo llevaron las hordas para, ay, ser sustituido por un violento y entusiasta Páter que disfrutó toda la contienda repartiendo hostias, incluso los días festivos— y a reanudar su trabajo donde lo había comenzado tres lustros antes. Para entonces ya le daba al alcohol —sobre todo a un castillaza seco, poco aromático y de 64°, que era el orgullo de las Bodegas Carrión— pero fue a partir de entonces cuando esa afición suya fue ganando el terreno de cualquier otra actividad. Era un hombre de estatura media pero muy delgado y de excelente complexión, capaz de absorber muchos excesos. No se le manifestaron las venas de las mejillas ni echó tripa pero sí un cierto aliento a laboratorio (como si en su interior cobijara todo un anaquel de experiencia conservada en formol) y se convirtió en un hombre desganado, que apenas comía, con unos brazos y piernas esqueléticos y unas manos que eran todo relieve, tapizadas de manchas oscuras de necrosis. Aun borracho seguía siendo capaz de seccionar un brazo a un barrenero accidentado o sacar un niño que venía en mala posición y en las aldeas de la cuenca minera —cada día más cuenca y menos minera— se decía que aparte de su natural bondad, sus recetas baratas y sus insignificantes emolumentos, su mayor ventaja como médico o cirujano de urgencia residía en su sistema de anestesia natural, que transmitía con la respiración. El alcohol y el Seguro le perdieron y a sus cincuenta y pocos años era un hombre retirado, que aguantaba como podía.

Y en cuanto a Fayón... había sido uno de sus grandes amigos de juventud. Abogado y periodista ya en la campaña de África había empezado a dar guerra, en virtud de su ardiente fe republicana (muy anterior a 1931) y lo que entonces se llamaba una acerada pluma, puesta al servicio de sus ideales, que si no llevó su nombre a la fama al menos le otorgó un reconocimiento más allá de los límites de la provincia. En la guerra civil dio un paso más y se metió en política que supo alternar con el periodismo. Así que pronto se dijo de él que estaba al servicio de Moscú e incluso fue homenajeado por el otro bando con alguna que otra caricatura en forma de ogro, con las manos y la cara salpicadas de sangre española. Con el Gobierno Negrín llegó a subsecretario o algo parecido y en el último año de la guerra le fue encomendado uno de esos puestos de poco nombre y vistosidad pero de gran responsabilidad política; algo así como Jefe del Gabinete Técnico Adjunto a la Presidencia por donde pasando todas las conexiones entre los diversos departamentos, era informado de cuantas medidas de gobierno se producían, teniendo la obligación de escribir su «enterado» en el margen de cualesquiera documentos y oficios emanados de las más altas magistraturas. Así que el 28 de marzo de 1939 tuvo que salir del aeropuerto de Chiva en un avión biplaza, sin cabina, con la compañera a la que se había unido seis meses antes sentada sobre sus rodillas, para aterrizar en Mostaganem en las primeras horas de la madrugada del día siguiente. Y después de ser encarcelado, enviado a un campo de concentración y por fin liberado, voló de Orán a París para unirse al Gobierno de la República en el exilio que ya había reanudado su actividad y sus sesiones en la tierra extranjera que de nuevo tuvo que abandonar el 17 de mayo del año siguiente, escabulléndose por delante de los panzer de Guderian con sus motores calientes (ansiosos de reanudar el avance inexplicablemente detenido por Kleist) para una vez más verse a salvo en el Londres que decidió abandonar en el verano de aquel año. ¿Por qué?

También Fayón le daba al alcohol pero sus años de exilio le habían apartado del castillaza para arrimarle al whisky. En aquella época había en Región, en plena carretera, un aguaducho regido por un matrimonio simpático —sobre todo la mujer—, que en primavera y verano ampliaba el negocio con unas cuantas mesas de tijera en la ribera del Torce, y en cuya estantería rodeada de Fundadores, Emperadores, Comendadores, Conquistadores, Picadores y Vencedores rumiaba su exilio soberano una hermosísima botella de Long John de un galón. Aquel whisky no lo probaba nadie hasta que llegó Fayón que fue el único que lo probó. La mujer —que se llamaba Hortensia— lo despachaba a un precio inverosímil y era el marido el encargado de verterlo.

—¿Verdad doctor —preguntaba Hortensia— que eso hay que beberlo en unos vasos especiales? A mí el representante me dijo que se bebía en unos vasos altos y me regaló una docena de ellos. ¿Verdad doctor que hay que beberlo así?

—Ciertamente —el doctor.

—Nada más cierto —apoyaba siempre Fayón.

—¿No te lo decía yo? —Hortensia se volvía hacia su marido, que en ocasiones la miraba perplejo y que para ciertas cosas «de mundo» se reconocía inferior a ella—. Si es que no me haces caso, tú no sabes de esto, Manuel. ¿Así que serán dos whiskies?

—Un castillaza largo y un whisky. Puede utilizar esos vasos para las dos bebidas, así hace más simétrico.

—Usted manda, doctor.

Y Hortensia llenaba los dos palmeros, hasta el borde, con sendas bebidas.

—¿No quieren hielo, verdad?

—Nada de hielo, Hortensia —explicaba cualquiera de ellos para mantener y ampliar su superioridad sobre su marido—, cuando el licor es bueno se debe beber seco.

La doble consumición debía costar por aquellos años un par de duros así que en el primer encuentro que tuvo lugar en Región entre el doctor y Fayón —tras los quince años de ausencia del segundo— la botella de Long John —que empero estaba empezada por algún desaprensivo— duró cuarenta y ocho horas y al cesto fueron vacías tres de castillaza de tres cuartos. Claro que invitaron algo a algunas personas que les vinieron a saludar y a una señora bastante aparente que de paso por el pueblo se alojaba en el Cuatro Naciones —en compañía de una joven— en cuya sala de lectura hicieron noche.

En el aguaducho, y en el mismo lugar de la estantería que ocupó la anterior, apareció una segunda botella de Long John, intacta, también de un galón. Durante aquellos quince años el doctor y Fayón apenas habían sabido el uno del otro; un día de la década de los cuarenta recibió el doctor una postal fechada en Lima, Perú: «Querido Daniel: Ahora vivo aquí donde he montado un negocio de imprenta. No me puedo quejar. ¿Funciona bien el desagüe de tu casa? Tienes siempre todo mi afecto, Alejandro A.», a la que el doctor respondió con la conocida vista del puente de Aragón, en tonos sepias: «Querido A. A.: El desagüe como todo pero tampoco yo me puedo quejar. Un poco de compañía no vendría mal pero vaya. Guarda bien todo el afecto que te tengo, Daniel.»

—Mi error fue ir a París el 39 —dijo Fayón—, un error mayúsculo que sólo se podía reparar con un acierto del mismo orden. Y eso exige decisión, una decisión para toda la vida, Daniel, para toda la vida.

El doctor no replicó; todo habían sido errores mayúsculos a lo largo de su vida; porque —pensó— cuando se persiguen sin disimulo los objetivos de la vocación y del gusto, incluso cuando se alcanzan, al final hay una deuda; un relativo fracaso permite la desconfianza en el pago, un lugar muy resguardado.

—En Londres me enteré de que el gobierno del Perú había hecho pública una resolución por la que no permitiría la entrada en su territorio a ningún republicano español. Y me dije: al Perú; como sea pero al Perú —dijo Fayón.

—¿Al Perú? ¿El ardiente republicano español, el luchador de toda la vida, se marcha al único país que no admite la entrada de sus correligionarios? —preguntó el doctor.

—Y no fue fácil. Un viaje de tres meses para al final llegar a Lima en autobús procedente de Bolivia, ya te imaginas. Logré engañar a la Gendarmería pero naturalmente el embajador de Franco puso el grito en el cielo e hizo todo lo que estaba en su mano para que me expulsaran. Y los de Alemania, Italia y Guatemala también. Pero aguanté, Daniel, aguanté; no pudieron conmigo y ahí me tienes, hecho un señor, sin un solo republicano español en todo el país, ¿te imaginas?

Fayón apuró el whisky del vaso con el emblema de la marca y miró intencionadamente al doctor.

—Ya voy, ya voy, no tengas tanta prisa.

—El error fue ir a París, allí se agotó mi paciencia. Los últimos meses de la guerra fueron de mucho trabajo pero, aunque te parezca inconcebible, quedaba entusiasmo. Sí, un entusiasmo que resistió todo el verano y cobró nueva savia en septiembre, con una guerra en Europa que pensábamos que nos devolvería a España en poco tiempo. Pero lo terrible fue aquel invierno en París, allí se agotó mi paciencia.

—¿En París?

—París acaba con cualquiera salvo con un republicano español. Está visto y ampliamente demostrado —siguió Fayón— que sólo un español no republicano puede acabar con un republicano español. Daniel, ¿estás listo? —preguntó levantando el vaso vacío.

—Ya va, hombre, ya va. ¿Qué prisa tienes?

—Es por no hacer trabajar de más a esa buena mujer ¡por favor, casa! París acaba con cualquiera. Como es natural en cuanto llegué el presidente me dijo que tenía que ocupar inmediatamente mi puesto, un puesto clave, ya sabes. Muchas gracias, Hortensia. Es usted muy amable. Más o menos lo mismo que había hecho en Valencia, pero Valencia era Valencia y nosotros el Gobierno y en París no éramos nada, dijera lo que dijera la prensa. El Gobierno se reunía en Consejo de Ministros cada semana y todo seguía lo mismo, como si aún estuviéramos en España, redactando decretos y oemes como si tal cosa y publicando el Boletín, naturalmente. Mi primera obligación consistía en convocar el Consejo, visitando personalmente y uno a uno a todos los ministros dentro de área; redactar las actas, hacer la referencia, vigilar la publicación del Boletín y comunicar a los interesados los cambios habidos, amén de mil otras cosas.

—Todo un trabajo —apuntó el doctor, mojando apenas los labios en el segundo vaso de castillaza.

—Y que lo digas —respondió el otro, haciendo lo mismo con su whisky—. ¿Quién es esa señora que tanto te observa?

—No lo sé —respondió el doctor—. Es la primera vez que la veo en mi vida.

—Todo un trabajo, ya lo creo. Con independencia de que nuestros amigos del gobierno fueron instalándose en París cada cual por su lado. No hubo dos que vivieran cerca. El uno se fue a Saint Cloud, otro a Clichy, a Auteuil, a Argenteuil; a la puerta de Italia, a Clignancourt, incluso a Saint Denis. Entonces fue cuando formulé mi primer principio de geometría política, más bien un axioma.

—¿Un axioma? ¿No será a ti a quien mira? No parece una señora demasiado respetable, ¿no es así? —preguntó el doctor.

—Dice así: «La distancia mínima entre dos republi-

canos españoles en el exilio será de diez kilómetros.»
Firmado, Fayón.

—Yo hubiera dicho todo lo contrario: la distancia
máxima —insinuó el doctor, llevando por segunda vez
sus labios a su segundo vaso de aguardiente.

—Te lo aseguro, es como yo te digo. Al principio
viajaba en metro, en autobús y en tren; en taxi jamás.
Dos días necesitaba para convocar el Consejo y otros
cuatro para hacer llegar a los interesados el contenido
de los acuerdos, así que sólo descansaba el día que se
reunía el Gabinete y que tenía que aprovechar para
vigilar y revisar las publicaciones; me pasaba la semana viajando de Saint Ouen a Auteuil, de Auteuil a Clichy, y de Clichy de nuevo al metro, al autobús y al
tren. Y además salía caro, según me comunicaron en
Presidencia.

—No me extraña.

—No, no te extrañe. Por lo cual Presidencia decidió comprarme una bicicleta para introducir econo-
mías. Eso fue una canallada, Daniel, una auténtica
canallada que yo no me merecía. Y sé de donde salió
la idea, lo sé muy bien pero qué más da, ya pasó todo.

—¿Y no protestaste?

—No, quia. Por otra parte era una excelente bicicleta, la mejor del mercado: una Peugeot con cambio
a tres piñones, muy ligera y robusta. Ahora que en
cuatro meses hice más pedal que Dalmacio en toda su
vida. Llegaba a casa tan agotado que mi mujer me
dejó por el primer francés que encontró en la carni-
cería, un tipo que corría pólizas de seguros. Y eso que
era una excelente muchacha, una mujer de la que estoy
seguro que me quería. Una gran chica; luego —y mira
que me he casado veces— no he encontrado otra parecida. Pero, ¿qué mujer puede aguantar a un jefe del

Gabinete Técnico de un Gobierno en el exilio haciendo ochenta kilómetros al día en bicicleta? Ya me dirás.

Se habían quedado solos en el aguaducho. Por encima de la masa de los chopos del Torce el cardenillo había invadido un cielo de cobre y encima de la terraza, siempre lejana y recoleta, Región recobraba su aspecto de fortaleza eternamente asediada.

—Cenaremos un poco, ¿no?

—Como tú digas —dijo el doctor, siempre desganado.

—¿En el Cuatro Naciones?

—En el Cuatro Naciones, ¿dónde si no?

—Señora Hortensia —pidió Fayón— ¿sería usted tan amable de llenarme de whisky una botella de medio litro? Es para llevarla al hotel. Y me dice qué se debe.

—Con mucho gusto, caballero.

La señora Hortensia volvió con una botella de gaseosa más que mediada de whisky. Hizo unos números con una tiza sobre la tabla de la mesa.

—Son sesenta pesetas —dijo, al tiempo que borraba los números con un paño húmedo—, todo.

Cuando entraron en el comedor del hotel, la mujer de grandes pendientes y numerosos collares —acompañada de una joven de facciones delicadas, con unos pantalones muy ceñidos y altos tacones— estaba acabando de cenar; mientras consultaban el menú se levantaron de la mesa y al pasar junto a ellos ambas les desearon buen provecho.

—¿Quiénes son?

—Es la primera vez que las veo en mi vida —repuso el doctor.

—Te aseguro que aquello era mucho más de lo que un hombre puede soportar —continuó Fayón, de nuevo en la sala de lectura del hotel, ante dos vasos colmados, uno de whisky y otro de castillaza seco—; enloquecieron. Yo me acordaba de esas madres que a causa de la muerte del bebé prefieren perder el juicio antes que el niño y se pasan el día arrullando un almohadón o dando de mamar a un muñeco. Era lo mismo; enloquecieron. Toda la guerra se habían portado bien y habían hecho lo que estaba de su mano pero en cuanto cruzaron la frontera —y se quedaron sin bebé— perdieron la razón. Te imaginas...

Entró la mujer de los collares, pendientes y pulseras y se sentó en el otro extremo del tresillo de mimbre. Se había cambiado de traje por otro blanco que dejaba ver sus formas y se había calzado unas chinelas. En el hotel no quedaba nadie; tan sólo el conserje de noche, detrás del mostrador, leía una novela del oeste a la luz de una mariposa. Casi todas las llaves —llavones de hierro con una placa de cobre, sujeta con una anilla, donde estaba grabado el número de la habitación— colgaban de las escarpias del casillero y una gata dormía panza arriba en uno de los sillones del vestíbulo.

—Te imaginas lo que era llegar hasta Clichy y encontrar un pobre hombre que había realquilado dos habitaciones de una casa minúscula y se preparaba para el invierno cargando leña en una carretilla. Todo un Director General o un Gobernador Civil.

—Sería un ex-Director General o un ex-Gobernador Civil —corrigió el doctor, llevándose a los labios el borde del vaso.

—Nada de ex. Allí seguíamos todos en activo. Nadie había perdido su puesto. Era un gobierno en el exilio, no un ex-gobierno. Había que trabajar muy duro, mucho más duro que en la guerra.

Entró la joven y dejó una bolsa encima de la mesa.

—Buenas noches, yo me voy a la cama si no quiere usted nada.

—Buenas noches, querida. Yo me voy a quedar un rato en compañía de esos señores —dijo la mayor.

Ambos la miraron con cierta sorpresa que, cuando la mujer extrajo de la bolsa una botella de bolsillo con una funda de cuero, se transformó en manifiesto beneplácito.

—¿Ustedes gustan? —preguntó la señora al tiempo que llenaba el tapón-copa.

—Muchas gracias, señora; a su salud.

—Te imaginas —continuó Fayón— lo que era apearse de la bicicleta y a través de la cerca comunicar al Gobernador Civil de Castellón, mientras cargaba leña en la carretilla, que en el último Consejo de Ministros se habían producido nombramientos que le afectaban.

—Perdone, ¿era usted por casualidad el Gobernador Civil de Castellón?

—No, no señora.

—Ah, ya decía yo, ¿sabe usted? Porque yo tenía un primo que trabajaba allí.

—¿En el Gobierno Civil de Castellón?

—Sí, por allí. En Castellón de la Plana.

—Y decirle: «Don Mariano: ha cesado usted como Gobernador de Castellón y le han nombrado Gobernador Civil de Canarias.» Por lo general al don Mariano de turno se le caía el leño al suelo. «¿De Canarias? ¡Pero qué me dice usted! ¿Está usted loco? ¿Qué se me ha perdido a mí en Canarias? Yo allí no tengo a nadie, no tengo un amigo ¡nadie! Y mire usted a dónde me mandan, como si estuviera a la vuelta de la esquina, ¡Canarias! Yo me arreglaba muy bien en Castellón; allí tenía de todo, amigos, familia, playa y a un paso de Madrid, ¡Canarias! ¿Qué va a decir la pobre Conchita?» Era mejor no verlo, te lo aseguro; era patético verle alejarse: «¡Conchita, Conchita!» con la carretilla a media carga de leña, en un arrabal de Clichy. «¡Conchita, Conchita!»

XII

EL CAPITÁN DETUVO SU CABALLO en el cruce de la carretera de Bocentellas y lo arrendó a un olmo. Era una hora tranquila y no había un alma en el paraje. Se había vestido de paisano —cosa que hacía raras veces— y con anterioridad había pensado en los pormenores de la visita.

El lugar estaba desierto bajo un sol sin misericordia que de los cascos vacíos, las latas y los cristales extraía su última apelación a la violencia.

El bar se hallaba desierto, con cierto olor permanente a mondas y residuos que el agua ya no podía suprimir. Del hueco detrás del mostrador, apartando las cadenetas, salió el cojo, demasiado hecho a su oficio como para no saber disimular su sorpresa. Pasó un paño húmedo de color galleta por el mostrador de piedra artificial jaspeada, con aguadas blancas y negras, frente al capitán. El capitán pidió una cerveza —sin ganas— y el cojo colocó un vaso, sacó una botella de un cuarto de una caja, pasó el paño por ella y abrió la chapa con una llave fija. Apoyó las manos sobre el mostrador, con los brazos abiertos formando casi un ángulo recto.

—Calor, ¿eh?

El capitán vertió lentamente la cerveza sobre el vaso inclinado para no hacer espuma.

—Ya lo creo. Demasiado para estas fechas.

El cojo pasó de nuevo el paño por el mostrador, extendiéndose a un sector más amplio.

—¿Cómo van las cosas por ahí arriba, mi capitán?

El capitán echó un breve sorbo, como si se tratara de una bebida caliente.

—Van.

El capitán se decidió a beber un buen trago. El cojo encendió un celta, aspiró una larga bocanada y dejó con esmero el cigarrillo sobre el borde del mostrador, con la lumbre en el aire. Luego de una escarpia descolgó un reloj con cadena metálica que se ajustó a la muñeca, agitándola con intensidad.

—¿Está la Tacón en casa?

El cojo aspiró otra bocanada y al tiempo que echaba el humo y depositaba de nuevo el cigarrillo en el mismo punto, hizo con la cabeza una serie de breves signos afirmativos que se fueron amortiguando con la cadencia final de un mecanismo de cuerda, hasta quedar con la vista baja.

—¿Se la puede ver? Tengo interés en hablar con ella.

El cojo aspiró otra bocanada, dejó el cigarrillo en el mismo sitio, dijo «Aguarde» y salió. En un rincón había dos mesas bajas con unos taburetes, en una pared una estampa de una muchacha cazadora de la Unión Española de Explosivos y en el centro de las estanterías un calendario de un taller de recauchutados, con una chica desnuda. De una botella de crema de café colgaba un rosario y de un clavo un cerrojo con la llave puesta. Todas las moscas estaban en el techo. Las latas de escabeche, anchoas, pepinillos y aceitunas se hallaban protegidas bajo unas cajas de plástico incoloro. El cojo apareció en el umbral:

—Le acompaño, mi capitán.

La otra casa era mucho más fresca pues se trataba de una edificación antigua, con gruesos muros de mampostería y pequeños ventanucos que no había necesidad de entornar. El cojo se despidió a la puerta:

—¿Qué le debo? —preguntó Medina.

—No es nada, mi capitán. La casa invita por esta vez.

La Tacón se hallaba de espaldas, sentada sobre un sillón, con un brazo desnudo indolentemente caído y sobre su mano la cabeza de una muchacha morena que el capitán apenas pudo distinguir por el contraluz pero que identificó al instante.

—Pase, pase, comandante; está usted en su casa.

La muchacha estaba sentada sobre un taburete muy bajo, a los pies del sillón, haciendo las uñas a la Tacón. Sobre la mesa camilla había un tazón con agua caliente, unos algodones, una toalla del tamaño de un paño higiénico y diversos frascos de manicura, pinceles y limas. Reinaba un intenso aroma a acetona.

—Encantada de saludarle, comandante. Tome usted asiento.

—Capitán —el capitán no se movió—. Capitán de Ingenieros Carlos Teodoro Rodríguez Medina, para servirla.

—Mucho gusto, comandante, mucho gusto. Qué sorpresa tenerle en mi casa. He oído hablar mucho de usted. Chiqui, acerca una silla al comandante. ¿Quiere usted tomar algo? ¿Una copita?

Cuando la muchacha se levantó, al capitán se le fue el ojo.

—Por favor, no se moleste —el capitán acercó una silla de anea a la mesa camilla—. Muchas gracias, he tomado una cerveza en el bar.

La muchacha volvió a ocupar su asiento en el taburete, de espaldas al capitán, y a reanudar la limpieza del esmalte viejo de las uñas de la Tacón que extraía con acetona y suavizaba con agua caliente.

—¿Y qué le trae a usted por aquí? ¿A qué debo esta grata sorpresa? —la Tacón sacó con la izquierda un bisonte de una cajetilla de piel de serpiente y con suma habilidad lo introdujo en una boquilla higiénica, negra y corta. Las manos de la Tacón eran regordetas, sus dedos (repletos de anillos y sortijas de aspecto barato) eran gruesos en la base y afilados en la punta, con uñas de una pulgada en forma de cucharilla.

—Ya se puede usted imaginar qué es lo que me trae aquí: Luis Barceló.

—¿De verdad que no quiere usted una copita? —preguntó inmutable la Tacón.

—No, de verdad. Muchas gracias.

La Tacón encendió el cigarrillo con un encendedor de oro, de buena calidad.

—Pues yo sí. Un día es un día. Anda, Chiqui, tráeme una copa de la botella de mi armario. Así a lo mejor el comandante se anima —dijo, con las yemas de la derecha sumergidas en la salvilla de agua caliente.

Cuando la muchacha se levantó al capitán se le fue de nuevo el ojo. Tenía un bonito cuerpo, pequeño, con piernas largas, envuelto en una bata negra estampada y muy suelta. El capitán ya la había visto en otras ocasiones, en compañía siempre de la Tacón, y le había llamado la atención una mezcla de natural inocencia y estudiada provocación. En su día había cursado órdenes muy estrictas al personal a sus órdenes acerca del Bar

Doria pero pronto tuvo que reconocer que ni siquiera las amenazas podían evitar que la tropa lo frecuentara en las horas de paseo o durante los permisos de fin de semana. Al capitán le atraía el bar, tanto más cuanto que a sí mismo se había impuesto la obligación de no pisarlo aun cuando nada reglamentariamente lo impidiese. El bar le atraía mucho y no podía impedir aminorar el paso del caballo —o incluso detenerlo con un pretexto fácil, con unas palmadas en el cuello— cuando pasaba frente a él, para echar una larga mirada y reparar en las chicas. Y sobre todo le inquietaba la siempre furtiva presencia de aquella muchachita morena a la que había visto un par de veces en la calle —siempre acompañando a la Tacón— o en una casi imaginaria carrera entre el bar y la vieja alquería, con su bata hasta los tobillos.

Cuando Olvera sugirió la complicidad de la gente del bar en la fuga de los dos reclusos —un supuesto de cajón, a la vista de las relaciones de todo orden entre Barceló y la Tacón, conocidas entre la tropa, las clases y los mandos— el capitán se limitó a levantar los hombros para indicar que por ese camino no llegaría muy lejos. «Por respeto a mí mismo», había contestado a Olvera —con inusitado énfasis— cuando éste le preguntó por qué no había estado allí. Olvera le replicó que por un lado se tomaba sus propias órdenes demasiado al pie de la letra y que, por otro, si quería cumplir con su deber y encontrar a Barceló y Palacios tendría que pasar por alto algunos principios de su propio y personal código. Eso era justamente lo que Medina quería y esperaba escuchar de Olvera para obtener no ya el permiso o la anuencia de un superior sino una irreprochable justificación para entrar de una vez en el bar y examinarlo en todo detalle, incluyendo a sus inquilinos, aunque (pues desconfiaba de la utilidad de la visita para la búsqueda de los fugitivos) sólo fuera para romper el hechizo que ejercía sobre él, para clausurar su voto e inaugurar una nueva época en la que, manteniendo el respeto que se debía a sí mismo (delegado del respeto que le debía la tropa), le fuera posible tal vez frecuentarlo sin menoscabo de su autoridad.

La muchacha trajo una copa llena de un licor transparente. Era un castillaza dulce, que tenía pocos adeptos.

—Mujer, ¿por qué no traes la botella?

—Déjelo, no se moleste, por favor —el capitán se dirigió a la muchacha con su mirada en orden.

La Tacón extendió el brazo y los dedos para observar sus uñas a distancia.

—Vamos, sigue —dijo, dejando caer de nuevo el brazo al tiempo que la muchacha volvía a su taburete.

—Luis Barceló —dijo Medina.

—¿Quiere usted mirar debajo de mi cama? —preguntó con descaro y aplomo la Tacón—. A lo mejor lo tengo escondido ahí.

—Quiero que me ayude usted a encontrarlo. Tarde o temprano acudirá a usted y usted responderá a su llamada. Lograrán salir de aquí, no lo dudo; ya ha hecho lo más difícil, lo que no ha hecho casi nadie. Pero lo atraparán a la larga. Y entonces le caerá una muy gorda. Mientras que si se entrega a mí, en el fuerte, la cosa no pasará a mayores. Se lo prometo. Pero tiene que entregarse antes del domingo. De no ser así yo ya no podré hacer nada.

La Tacón aplastó el cigarrillo en el cenicero, hinchó los pulmones con una larga inspiración y los bordes de su escote dejaron ver la mitad de unos grandes pechos blancos, los ribetes de encaje negro de un sostén que a duras penas los contenía y una línea de carne roja, algo cuarteada entre ellos. Dejó el respaldo y expulsó el aire poco a poco.

—Comandante...

—Capitán, capitán Medina.

—Comandante, yo le dije mil veces que no lo hiciera. Que tuviera paciencia y cumpliera el plazo como Dios manda y que luego viviríamos tranquilos; que dinero no falta, a Dios gracias.

La Tacón pasaba ya de los cuarenta. Siete años atrás, cuando él sólo contaba dieciséis o diecisiete, le había encontrado en la casa que ella tenía entonces en Valencia y que Luis Barceló y otros dos compañeros visitaban todas las noches, cuando estaba a punto de cerrar. Era su primer escapada no ya de Madrid sino de su barrio —el Puente— a causa de un robo a mano armada y un sereno herido de gravedad. La Tacón se encaprichó con el muchacho, lo cobijó y lo mimó; le compró media docena de trajes, otra media de zapatos y una de camisas; le llevaba a los restaurantes y le enseñó a alternar y a saber tratar a las chicas, sin importarle demasiado que se fuera de vez en cuando con una de ellas, siempre que fueran de su casa. Lo que la Tacón no podía sufrir era la competencia de su negocio, el mejor de todo Levante, según ella.

Pero Barceló se descuidó, era la llamada de la sangre. La Tacón empezó a sospechar una noche, días después de un atraco veraniego a una Caja de Ahorros, en que Barceló hizo gala de un dinero que ella no le había dado. Tuvieron una escena. Le dijo ella que no tenía ninguna necesidad de hacer tales cosas; que le pidiera el dinero que necesitara, que a Dios gracias no faltaba; que no quería volver a saber de delitos; que su negocio era muy serio y no podía comprometerlo;

que se veía obligada a estar a bien con la ley; nada de marrullerías. Pero Barceló era una caña, sus dedos demasiado ágiles para estar quietos. Se descuidó a la salida de una relojería y le cayeron cuatro años. Había sangre de por medio. La Tacón se movió —se desenvolvía muy bien en ciertos sectores y ambientes— y lo sacó, cuando sólo había cumplido unos cuantos meses, con una fianza razonable. Las cosas parecieron cambiar porque la temporada a la sombra influyó en el carácter del muchacho que se hizo más reposado y más casero. Alquilaron un apartamento en Alicante y Barceló llegó a interesarse en la administración de la casa de Valencia, aportó unas ideas, trajo nuevas chicas, algunas de Argelia. Abrieron una sucursal en un arrabal de San Juan, que fue de perlas, con ingresos incluso superiores a los de Valencia, hasta que por una orden del gobierno se clausuraron todas las casas del país, de la noche a la mañana. Despidieron a las chicas y vendieron los enseres a un precio de saldo. La Tacón tenía unos ahorros —y unas cuantas joyas, nada de acciones— y se fueron a Barcelona donde abrieron un bar, en Can Tunis, que daba más trabajo que perras. Barceló volvió a las suyas pero por entonces la Tacón, ya fuera porque hubiera mermado su respeto a la autoridad, ya porque no veía tan mal el incremento del patrimonio en un momento en que sus ingresos no eran lo que habían sido, no opuso una resistencia tan categórica. Cayó por segunda vez, con menos suerte que la anterior. También la Tacón tenía menos influencias y recursos y Barceló se pasó cerca de dos años a la sombra. Durante esa segunda estancia apareció la Chiqui a quien, siendo una cría, encontró la Tacón en una peluquería de Gracia donde trabajaba de aprendiz. La Tacón no quería historias con otros hombres, ni siquiera por una noche, pues tenía uno de una vez y no gustándole la idea incluso tenía miedo de sus consecuencias, no tanto de una posible venganza de Luis cuanto de la utilización de su desplante para largarse. La Tacón en eso operaba como cualquier mujer; comerciaba con su honradez, incluso a años vista. Por entonces había cambiado el bar de Can Tunis por un pequeño lugar de alterne en Gracia y alquilado un apartamento en un bloque, en el que recibía. Se llevó a la Chiqui, más para utilizarla como gancho que para otra cosa, y la metió en casa. No le gustaba que le tocaran a la Chiqui y, salvo que algún parroquiano se encaprichara con ella y soltara una pasta gansa, se la reservaba para sí. La segunda salida de Barceló fue la más breve; apenas llevaba seis meses al aire libre cuando le volvieron a trincar, esta vez por un chivatazo y poco menos que por acumulación de faltas. Con todo, los tres pasaron la temporada con bastante tranquilidad en el apartamento de Gracia y lo que la Tacón había temido —un empalme directo entre Barceló y Chiqui, cortocircuitando el cuadro— no llegó a producirse. Barceló se fue a la capital, para asuntos privados, y allí le trincaron. Al cabo de una semana sin sus noticias, la Tacón empezó a impacientarse y voló a Madrid donde se enteró de todo menos del plan de Barceló para largarse con la Chiqui, frustrado a penúltima hora por la bofia. Esta vez iba en serio; podía pasarse seis años a la sombra si en el entretanto no moría el Papa. La Tacón echó las cuentas; en el peor de los casos tendría cuarenta y tres años cuando saliera Luis, pero seguía de buen ver y con vista para los negocios así que no lo pensó dos veces, se decidió por la vía de la fidelidad —sacó un billete doble, para ella y para la Chiqui— y se largó a Madrid donde abrió su enésimo bar de alterne, cerca de la Puerta de Toledo, no lejos del Rastro.

La muchacha había terminado de limpiar la pintura de la mano derecha y pasó con su taburete al otro lado del sillón, junto al capitán, mientras la Tacón agitaba en el aire sus dedos para que secara la preparación. Al capitán Medina se le fue el ojo y a la Tacón, una mujer avezada, no se le escapó el gesto.

—Se lo dije mil veces pero hay que conocerle, comandante; si se le mete una idea en la cabeza no hay quien se la saque; no para hasta conseguir lo que se propone.

La muchacha trabajaba con esmero. Al aplicar la lima se agitaba todo su torso, se aflojaba su bata y su escote permitía ver sus pechos pequeños y bien formados. La boca del capitán quedó entreabierta y sólo las palabras de la Tacón le hicieron volver a su asunto.

—No vendrá por aquí, no le creerá usted tan simple.

Para evitar que percibiese su agitación, el capitán se levantó de la silla y dio unos pasos por la habitación, del otro lado de la mesa camilla, con las manos a la espalda; en las idas y venidas echaba furtivas miradas al pecho de la Chiqui.

—Es usted la única persona que puede convencerle de que vuelva. Se lo digo por su bien. Si no se entrega ahora será todo mucho más difícil. Y mucho más grave.

La Tacón encendió un segundo cigarrillo y por la manera de fumarlo Medina comprendió que estaba rumiando algo.

—Se equivoca usted si cree que yo puedo hacer algo. Como comprenderá, no sé ni dónde se ha metido ni a dónde piensa dirigirse.

La Tacón desprendió la ceniza del cigarrillo con un golpe del meñique. A un gesto de la Chiqui levantó su mano izquierda y observó sus uñas a distancia. Hizo una pausa y bebió un pequeño sorbo que apenas disminuyó el contenido de la copa. Luego, inesperadamente, colocó tres dedos bajo la barbilla de la Chiqui y le obligó a alzar la cabeza. La Chiqui levantó la frente, con los ojos fijos y bajos, como si obedeciera las órdenes digitales de un fotógrafo, y entreabrió la boca, probablemente con la lengua tensa apretando la dentadura inferior.

—¿Ha visto usted qué preciosidad tengo en casa? Mire usted qué ojos —el capitán dio un paso atrás, cogido de sorpresa—, qué pelo, qué piel —la Tacón tomó la barbilla de la Chiqui con su mano y agitó delicadamente su cabeza de un lado a otro. La Chiqui no movió un párpado, la boca entreabierta y la lengua probablemente tensa—. Mire usted, comandante, qué cara más bonita, qué preciosidad.

El capitán hizo ademán de marcharse pero no dijo una palabra. Entonces la Tacón de un rápido gesto abrió la bata de la Chiqui para descubrir su hombro y su pecho izquierdo.

—Mire usted qué pecho, comandante, ¿ha visto usted nada igual? —dijo la Tacón pasando su mano bajo el pecho para realzarlo—. Qué negral. No me diga usted que no le gustaría... —el capitán musitó unas torpes palabras mientras la Tacón arrimaba con su mano la cabeza de la Chiqui y le plantaba un beso de ama que dejó en su mejilla la impronta anaranjada de sus labios—. Uy, qué cosa más rica y más tierna.

Cuando la Tacón oyó cerrarse la puerta, se recostó de nuevo en el respaldo. Tomó un buen sorbo y exhaló una profunda y prolongada chupada. Con las manos sobre el sillón y la mirada lejana, dijo:

—El hijo de puta de tu novio. Se va a acordar de mí

si se le ocurre lo que yo pienso. Se va a acordar de mí. Vaya que si se acuerda de mí.

Con el revés largó un cachete a la Chiqui, en el mismo lugar del beso.

—¿En qué piensas? ¿Quieres acabar de una vez, jodida?

XIII

—Y eso cuando no había que salir arreando en bicicleta —continuó Fayón— en evitación de mayores males.
Recuerdo la última ocasión con un joven simpático,
muy buen chico, que había trabajado con nosotros en
Valencia, no sé de qué. Algo de poca importancia pero
era aplicado y servicial y el caso es que logró salir, no
sé cómo, supongo que en el «Lézardieux» o en el «Stam-
brook», aquellos barcos que lograron salir de Valencia
o Alicante en los últimos días. El caso es que el chico
logró llegar a París y como era serio y tenía ganas de
trabajar, incluso sabía algo de francés, pronto encontró
trabajo en un comercio de los bulevares exteriores, un
almacén de pinturas y ferretería allá por Malakoff o
algo así. Te digo que era cruel por nuestra parte; yo
creo que el chico en sus últimos días en España se
había mostrado casadista y por eso no estaba demasiado bien visto por los elementos más intransigentes
del gobierno. Pero en cuanto alguno se las arreglaba
para vivir y salir adelante se acordaban de él, pidién-
dole ayuda para lo que fuera, sobre todo en aquel
período de fiebre gobernativa a finales del invierno. Se
llamaba Ramón, lo recuerdo bien, Ramón no sé qué.
A Malakoff me fui en bicicleta y le encontré detrás del

mostrador —un almacén importante, no creas—, colocando en su sitio tornillos, tirafondos y cosas de esas. «Hombre, Alejandro, tú por aquí, me alegro de verte, ¿cómo te las arreglas?» Bueno, todo eso. Ya te digo, un chico simpático y muy normal, que yo creo que lo único que quería era olvidarse de toda la vaina de la guerra y vivir en paz, hacer unas perras y tal vez volver a España al cabo de unos meses. Tú te imaginas, veinticinco o treinta años y probablemente una novia en Valencia, vete a saber. «Ramón», le digo, «traigo noticias para ti». Yo ya estaba acostumbrado a esperar lo peor. En ningún sitio fui recibido con agrado, te lo aseguro. No llevaba más que malas noticias; a nadie gustaba el nuevo nombramiento; no sé cómo se las arreglaban pero el caso es que no dejaban contento a nadie. Quizá había alguien en un departamento de la Presidencia que se dedicaba a pensar en exclusiva: ¿cómo puedo joder a éste? Y lo jodía, te lo aseguro. Le digo «Ramón, que te traigo noticias». «¿Noticias, qué clase de noticias?» A lo mejor el hombre pensaba en una carta de su novia o de su madre. «Pues noticias, no sé si buenas o malas, pero noticias al fin y al cabo.» Yo, la verdad, es que ya no me atrevía a decir lo que llevaba dentro, me temía siempre lo peor, se me hacía un nudo en la garganta. Había despachado a la gente a Canarias, algunos al Protectorado y hasta a la zona de Franco, no quieras saber. Porque todavía para ellos existía la zona de Franco, como si una parte del país siguiera siendo nuestra, virginalmente preservada por una detención milagrosa de la historia en una determinada fecha a partir de la cual no pasó ni pasaría ya nada. Le digo «Bueno, Ramón, pues son noticias que no están mal. Pero que nada mal». «Pues dilo de una vez ¿qué clase de noticias?» Al final tengo que largar:

«Ramón, que te han hecho Director General de Puertos y Señales Marítimas.» No veas.

El doctor había abierto la ventana de la habitación que daba a las huertas de la vega. Encima de la oscura pantalla de la alameda, en un cielo añilado habían brotado inquietos los luceros que parecían parpadear amaestrados por los grillos. Con disimulo, el doctor se quitó la dentadura postiza, cosa que hacía siempre a aquellas horas, y la guardó en el bolsillo, convenientemente envuelta.

—«¿Puertos? ¿Señales Marítimas?» Era una mirada de loco, te lo aseguro. O de ira, vergüenza, coraje, cólera, la mezcla más explosiva que te puedas imaginar. «¡Seréis cabrones, os vais a enterar!» Y se agachó. Afortunadamente —bueno, yo estaba hecho a todo— me asomé por encima del mostrador para ver qué buscaba y vi que cogía una llave inglesa así de larga; no lo pensé dos veces y eché a correr. Saltó por encima del mostrador, blandiendo la llave inglesa. «¿Señales Marítimas? ¡Os vais a enterar!» como un loco. La gente se volvía a mirar y gracias que había dejado allí mismo la bicicleta a la que subí a lo Tom Mix. Iba a todo pedal por Malakoff y todavía le oía gritar «¡Señales Marítimas, Señales Marítimas!» ante el asombro de la gente. Y me dije a mí mismo: «Ni una más, Alejandro, ni una más.» ¿No te parece que tenía razón, Daniel?

El doctor asintió.

—¿Por qué no me contestas?

—Mmm...

—¿No crees que tenía toda la razón del mundo?

—Mmm...

—Tenía toda la razón del mundo, te aseguro que tenía toda la razón del mundo. Te lo aseguro, Daniel, aquello no se podía soportar.

Al doctor, sentado sobre el único silloncillo de peluche de la habitación, se le caían los párpados y no podía evitar que de vez en cuando su cabeza se viniera abajo para erguirla en seguida, con una expresión forzada y atenta.

—Imposible de aguantar, te lo aseguro, Daniel. Así que ni siquiera me despedí de Presidencia y cuando lo de mayo me subí a la bicicleta y adiós muy buenas. Fue la única ocasión en que no eché de menos a la mujer. Yo creo que pasé entre el Segundo Ejército de Huntziger y el XIX Cuerpo de Blindados de Guderian sin enterarme de su presencia; y por supuesto, sin que ellos se enteraran de la mía. El caso es que entré en el ferry de Calais como si fuera el Vel d'Hiv y a poco salgo por proa. Te estás durmiendo, Daniel, ¿por qué no te quitas la chaqueta? ¿no quieres echarte un rato?

El doctor vació los bolsillos de su chaqueta en la mesilla de noche, la colgó en el armario, acercó el vaso de castillaza, sacó la almohada de debajo de la colcha y se tumbó en la cama, sin abrir. El mal momento había pasado. Sin embargo un minuto después el doctor dormía. Fayón encendió la palomilla de la pared y apagó la lámpara del techo. Pero la luz de la palomilla era tan intensa que colgó encima de ella una toalla para mitigarla. Levantando los tobillos del doctor retiró la colcha que luego extendió por sus piernas hasta la altura de las rodillas. El doctor dormía sin hacer ruido.

Fayón se sentó en el silloncillo de peluche, frente a la ventana abierta de par en par. Aún quedaban tres dedos de whisky en la botella de gaseosa. Era una noche serena e impasible, resultado final de un caos que no se reproduciría jamás, un balance definitivo en el que las cuentas individuales se hallaran recogidas en un asiento global inalterable y del que solamente parecían excluidos los grillos, que continuarían cantando más allá de todas las catástrofes, gracias a su incorruptible desdén.

Cuando despertó estaba apuntando el día y el doctor seguía durmiendo, en la misma postura, sin hacer un ruido. Se observó en el pequeño espejo encima del lavabo y se echó un poco de agua por la cara. Entornó los postigos de la ventana y salió de la habitación de puntillas. Una tulipa al fondo del pasillo seguía iluminada. Se agarró a la barandilla de la escalera pero antes de descender el primer escalón se entreabrió la puerta de la habitación del rellano y en el hueco, sosteniendo la hoja, la mujer de los collares y pulseras —desmaquillada, con las facciones hinchadas por la falta de sueño— con una bata desordenada le lanzó una mirada de través, envuelta por el humo de su cigarrillo.

Fayón dudó por un momento hasta que con paso vacilante descendió la escalera. Tras el mostrador, el conserje de noche seguía leyendo la novela del oeste y apenas levantó la vista cuando cruzó hacia la puerta.

XIV

EL EQUIPAJE DE TINACIA no era muy voluminoso, si se tiene en cuenta que se trataba de un traslado definitivo: un baúl mundo, tres o cuatro maletas grandes, atadas con cuerdas y correas, dos pequeñas, un par de cestos y un sombrerero. El baúl, dos maletas grandes y un cesto fueron colocados en la baca y el resto se distribuyó entre el maletero y el espacio entre el asiento del conductor y su contiguo, que ocupó Fayón, mientras Tinacia Mazón y el doctor se acomodaban atrás, el segundo a la izquierda.

Aunque el viaje en distancia no era muy largo toda la mudanza exigía bastante tiempo, y decidieron salir temprano, o lo que los dos hombres consideraban temprano, a las nueve de la mañana.

La casa de Mazón no era una casa de campo sino la casa de Mazón, el origen geográfico del nombre y la familia, el único lugar referenciable al norte de El Salvador hasta la llegada del siglo xix; situada a medio camino entre este último pueblo y El Auge, en el límite entre los cursos alto y medio del Torce, bien podía decirse que constituía el punto de partida del fomento, explotación, colonización y prosperidad que había de conocer la comarca entre principios de siglo y los años de la Dictadura. Una parte de la casa no estaba en ruinas gracias a la solidez y podía, sin grandes esfuerzos, ser de nuevo habitada siempre y cuando sus inquilinos no tuvieran grandes inconvenientes en verse rodeados de cadáveres de la arquitectura popular y esqueletos industriales; pues a pesar —o tal vez por su causa— de los no muy enérgicos y nada convincentes intentos de restauración que por diversas vías y personas se llevaron a cabo al final de los cuarenta y comienzo de los cincuenta, allí seguían las ruinas de El Salvador, Titelácer, Escaen y Nueva Elvira; bajo la cámara de la central de San Juan se congregaba el rebaño, en torno a la vieja turbina Francis, mientras el pastor contemplaba las canosas melenas del río sobre el azud, y de la fábrica de los Corral sólo quedaba en pie una heroica chimenea de ladrillo, combada como una caña de pescar que cada día resistía la atracción de la caída; de los jardines de Gros y Henau ni siquiera quedaba la traza y entre los aligustres y mirabeles del Balneario de Cartago, adquirido años atrás por un minero fugazmente enriquecido que intentó la reapertura, consumían su purgatorio de óxido las vagonetas, carriles, cuadros y traviesas de una industria que había marcado la montaña con bocas de mina desiertas y escombreras de esquistos y filadios donde a duras penas crecían unos matojos que probablemente carecían de registro en los cuadernos de taxonomías.

Pero sin duda la más dañada —tal vez por ser la primera y mayor, la madre fundacional— era la casa de Mazón y quién sabe si a causa de la locura fratricida de aquella familia, reducida ya a Tinacia y cuatro o cinco sobrinos y sobrinas que esperaban su muerte para entrar en plena posesión de media docena de bienes inmuebles y dos fincas con los que recuperar el nivel de pobreza que habían conocido veinte años atrás, rebajado en la esterilidad y la indolencia. Quizá para no verlos a su alrededor Tinacia Mazón había decidido volver a la casa, a sus ochenta y algunos años, para consumir allí los seis meses de vida que sin demasiado recato le habían concedido en la clínica, con la misma numérica precisión con que se concede un crédito. Era una locura, un suicidio, un deseo de abreviar la cuenta o, en el mejor de los casos, un gesto generoso mediante el cual eliminaría muchas molestias a sus herederos.

Desde hacía años vivía en la casa un aparcero, Antonio de nombre, más joven que Tinacia pero no mucho más; había nacido y trabajado allí toda su vida a excepción del período —que comprendía toda la guerra y buena parte de su secuela— que la había regido Cristino, el último de los Mazón que la habitó, con quien nunca supo entenderse. A la muerte de Cristino, Antonio volvió a la casa a petición propia y tal era su honradez y su apego a aquella tierra que cada cuatro o cinco meses (el plazo que necesitaba para que el producto adquiriese cierta entidad) enviaba a Tinacia los beneficios que le correspondían, de acuerdo con el contrato de aparcería firmado entre sus abuelos en la última década del siglo, y que nunca sobrepasaban (cualquiera que fueran la devaluación y las nuevas series emitidas por la Fábrica de la Moneda) la cantidad de un billete y unas cuantas monedas que solía envolver en un trozo de paño y que anudado confiaba al conductor del ordinario para su pronta entrega a Tinacia.

Cristino había muerto en compañía de su barragana, hacia 1955, en circunstancias que nunca habían quedado del todo aclaradas. El último año de su vida enloqueció, atacado por el horror al aire libre y las puertas y ventanas abiertas en una casa desde la que no se veía ningún signo de habitación, que contaba fácilmente medio centenar de huecos. Terminó su vida enclaustrado en una cocina y una habitación aneja, con todas las puertas y ventanas del entorno toscamente tabicadas, entablonadas o claveteadas a mano. De aquel recinto sólo salía Eugenia Fernández, la barragana, para cumplir los más elementales menesteres de la supervivencia y sólo tras haber cumplido todas las precauciones imaginables; miradas a través de los ojos de las cerraduras o las juntas entre los tablones, interminables escuchas y esperas, contraseñas, exorcismos y represalias. Por algunas confidencias que hizo Eugenia Fernández a las pocas personas con que tuvo contacto en aquel último período de su vida, se llegó a saber que todas las mañanas, fuera invierno o verano, con buen o mal tiempo, y pese a todas las precauciones y esfuerzos de Cristino, amanecía la casa con una ventana abierta, una ventana que decididamente había quedado cerrada la noche anterior. La casa era tan grande, tan numerosos sus ventanas y huecos y tan escasa la gente que la habitaba —Cristino, Eugenia y aquel singular Yosen, recluido también en otra estancia para estudiar noche y día la cartografía de la comarca— que durante mucho tiempo nadie se percató del hecho, del que solamente cobraron evidencia el año anterior a la desaparición del uno en el monte y la muerte de los otros dos. Esa fue la razón —ni oculta ni inconfesada— que empujó a Cristino a ir cerrando progresivamente la casa para recluirse más y más.

Pero lo curioso es que la ventana aparecía abierta siempre en la zona habitada de la casa, con independencia de que otras lo fueran también en las estancias clausuradas. Al final Cristino llegó a perder completamente el sueño pero antes de que eso ocurriera se había acostumbrado a dormir sobre una mesa de la cocina, adosada a la pared bajo el hueco de la ventana, con el cuerpo convertido en un obstáculo más de los muchos que acumulara contra ella, para despertar cada día por el suave y aterrador toque de cualquier madero accionado por el vaivén de la hoja, movida por el céfiro de la aurora.

Cristino y Eugenia fueron encontrados muertos —los cuerpos todavía calientes, con ligeras contusiones y arañazos provocados por una ligera lucha o caída de poca importancia— en la cocina de la casa de Mazón, con la ventana abierta de par en par, un día de primavera de sol radiante. Eugenia se hallaba sentada en el suelo con la espalda contra la pared, frente a la ventana, su expresión paralizada en una mueca de horror e incredulidad; y muy cerca y de bruces, con los brazos extendidos como si en el último instante hubiera deseado alcanzar los pies de su compañera, como si reptando hubiera entrado por la ventana, yacía Cristino; cuando le dieron la vuelta, sin duda les dio su postrera sorpresa; había muerto con los ojos cerrados y una sonrisa en los labios, una sonrisa plácida en la que cabía adivinar la evaporación de la locura para dar entrada el regocijo por sus secretos e inconfesables designios. Ni se hicieron autopsias ni se practicaron diligencias pero alguien, por su cuenta y llevado tan sólo por la curiosidad, hizo sus propias investigaciones y llegó a la conclusión —que comunicó entre otras personas al doctor Sebastián— de que en varios puntos de la casa, y bajo la ventana de la cocina de la segunda planta en particular, había evidentes señales de que sus muros habían sido repetidamente escalados.

Cuanto Antonio se fue a vivir allá —al principio

con un sobrino suyo y su mujer, recién casados, que no duraron mucho— se despreocupó de la leyenda de la ventana abierta; es más, decidió creer en su verosimilitud y despojarla de todo su nocivo poder y por eso dejó siempre la ventana de la cocina abierta, cualquiera que fuese la estación del año, tanto en el buen tiempo como en el malo, tanto de noche como de día.

A aquella casa había decidido retirarse Tinacia para morir, pesase a quien pesase y se opusiese quien se opusiese. Era también un día de primavera cuando se pusieron en viaje los tres, en el taxi de Amaro hijo. El doctor no fue a gusto y cuando llegaron a la casa su primera e involuntaria mirada se dirigió a aquella ventana de la cocina de la segunda planta, con una hoja abierta.

Antes de que Tinacia saliera del coche, el doctor le ofreció su mano al tiempo que le decía:

—Todavía estás a tiempo, Tinacia, piénsalo bien.

Se apoyó en su mano y en el bastón con contera de goma. Cuando pisó la tierra, el bastón paradójicamente agitado por una mano al mismo tiempo temblorosa y enérgica, le contestó:

—Yo ya no tengo tiempo para nada, Daniel, a ver si te enteras. Vamos a casa, vamos a ver qué ha hecho este hombre.

Todo el traslado lo hizo Amaro hijo en tres viajes. A la puerta de la casa se desprendió del brazo del doctor y tomó el de Antonio, que se volvió a calar la gorra y la introdujo en el zaguán, con un intenso tufo a antigualla.

—¿Dónde duermes tú? —preguntó Tinacia.

—En la parte de atrás, donde siempre.

—¿Estás solo?

—Ahora no, señora.

—Está bien, Antonio, está bien. Ayúdame a subir la escalera. ¿Has preparado mi cuarto como te dije?

—Está todo listo, señora. No sé si será del agrado de la señora. Si no le gusta no tiene más que decírmelo.

La planta media estaba en buen orden; faltaba algún cristal que había sido sustituido por un cartón o unas tablas y nada conservaba la vertical a consecuencia de la curvatura de los suelos pero lo poco que había estaba en su sitio. Algunos tabiques tenían grietas que calaban todo su espesor y ninguno había que no estuviera desconchado. Quedaban muy pocos muebles, casi todos concentrados en la habitación de Tinacia y en el salón de la planta baja. Las habitaciones que habían ocupado Cristino y Eugenia Fernández habían quedado clausuradas por una puerta cerrada con dos candados. No había ninguna lámpara pero de cada casquillo colgaba una bombilla. En el suelo de una pequeña habitación completamente desnuda había un montón de lana que había sido recientemente cardada.

—Les he preparado un pequeño almuerzo —dijo Antonio. Tinacia le invitó a compartirlo con ellos pero se excusó alegando que ya había comido. Se sentaron los cuatro, incluido Amaro hijo, y les sirvió unas truchas, queso y fruta. No había dos platos ni dos cubiertos iguales; algunos eran de plata que amarilleaba en los fondos de las cucharas y en los mangos de los tenedores. Todos los cuchillos estaban mellados. Tinacia y el doctor apenas probaron bocado; los otros dos no dejaron una trucha en la fuente, una pieza de porcelana francesa con un dibujo bucólico.

—Sigue siendo el agua más rica del país —dijo Tinacia—; y la más fresca.

El doctor tomó un pedazo de queso para servirse otro vaso de vino.

—Bueno, ¿qué tenéis que decir de mi casa y de mi comida?

—Una trucha excelente —dijo Fayón.

Amaro hijo se retiró con un mondadientes que llevaba consigo en la boca.

—Bueno, Daniel, ¿estaba tan loca al querer venir aquí? Di, ¿te parece tanta locura?

—No lo sé pero creo que sí —repuso el doctor—; creo que es un descomunal desatino, ¿qué vas a hacer aquí sola todo el día?

—Lo mismo que tú. ¿Qué haces tú solo todo el día?

—¿Qué hago? Lo sé muy bien. No lo digo a nadie, ni a mí mismo, pero lo sé muy bien.

—¿Y no lo puedes decir? —preguntó Fayón.

—Sí —dijo el doctor, levantando el vaso de vino y guiñando un ojo para contemplar los dos dedos del tinto.

—¿El qué?

—Sí, el qué. No hay qué que valga. Yo ya no tengo qués. Estoy seguro de que en el fondo lo único que hago es lamentar estar solo todo el día. Y no quiero hacer otra cosa porque si lo hago será que quiero algo. Y yo ya no tengo qués. Porque lo peor de la soledad es que suprime todo deseo, incluso el de compañía. Lo aplasta todo; es una losa que no hay goce que la levante, ni por un instante te deja. Y no sólo aplasta sino que abrevia. En la soledad, no hay tiempo para nada. Es demasiado fiel la soledad, demasiado posesiva y tan pérfida que tampoco te permite disfrutar de ella, una cosa que reserva a quienes la visitan de tanto en tanto pero no a quienes conviven a todas horas con ella. ¿Qué más quisiera yo que amar la soledad? —dijo el doctor.

XV

—Parece que nuestro capitán está empezando a perder la paciencia —dijo Olvera, al sentarse a la mesa y encajarse la servilleta entre dos botones de la guerrera.

Medina no podía sufrir aquel «nuestro capitán» que Olvera prodigaba en ocasiones, sobre todo cuando el asistente de cocina aparecía tras la puerta del office. Olvera tenía, en esencia, dos maneras para dirigirse a él. La primera era severa y clara, con el debido tratamiento, que utilizaba en toda su conversación que no abordara los asuntos del servicio y, en particular, la reciente fuga de los dos reclutas. Con la segunda, para la que con frecuencia utilizaba el «nuestro capitán», Olvera adoptaba un tono sardónico con que ponía de manifiesto una superioridad que poco o nada tenía que ver con el grado y con la que, tal vez, involucraba categorías más tácitas y permanentes. Solamente al principio, inmediatamente después de conocerse la fuga y comenzar sus actuaciones, el capitán pudo hablar de ello con Olvera de una manera franca y exenta de toda artificiosidad; a la vuelta de su primera y fracasada batida por el valle en busca de los fugitivos, se encontró con un Olvera displicente y enigmático, que abordó el asunto con todas las galas de su segundo estilo.

También mortificaba al capitán que Olvera estuviera enterado no sólo de todo lo que pasaba en el fuerte sino también de sus pasos fuera de él. No acertaba a saber cómo se enteraba ni cuáles eran sus fuentes de información. El mismo «respeto a sí mismo» le impedía indagar entre sus subordinados en busca de revelaciones y confidencias, aunque sólo fuera para conservar su olímpica posición por encima de todas las habladurías. Eran un conjunto de circunstancias que se venían a sumar al peso del mando y que no reportaban ninguna ventaja ni lenitivo alguno a ese especial aislamiento, tan distinto de la soledad, de quien no pudiendo contar con ninguna voz amiga sabe que es observado en todo detalle por un numeroso personal atento a sus actos y ávido de sus deslices.

A los dos días de su primera visita —cuando estaba madurando un plan para batir el monte y salir en persecución de los fugitivos que se apartaba de lo usual para tales casos— el capitán se acercó por segunda vez al Bar Doria aun cuando no contara con ningún pretexto consistente y supiera que nada le podría sacar a la Tacón. Aparte de insistir en sus razones para su entrega voluntaria pensaba pasar a la Tacón —como quien no quiere la cosa— ciertos detalles de su plan, pero al revés, por si había —la Tacón— acertado a establecer algún contacto con Barceló y a través de él obligarle a morder el anzuelo. En realidad, no tenía Medina la menor esperanza puesta en la estratagema pero no sabía qué hacer para volver a ver a la Chiqui, como fuera.

La Tacón, lo adivinó. Por muchas razones —pero por encima de todas, por su posición respecto a Barceló— consideraba que Medina era de los pocos que podían aspirar a la Chiqui, incluso sin pagar; si lograba enredarlos mataría dos pájaros de un tiro; por un lado acreditaría con Medina —que por muy recto que fuese, o tal vez por ser muy recto, no podría dejar de corresponder a los servicios de alcahuetería— una deuda de considerable cuantía y, en el peor de los casos, tendría entre sus manos una persona que podría pedirle un gran favor; y por el otro no estaba de más que un hombre tan estricto como el capitán cobrase, con el afecto o el enredo, un cierto control sobre la Chiqui al que pudiese recurrir en el caso —sólo temido y no realizado y por eso mismo tampoco despejadas las sombras que proyectaba— de que se produjera el temido enlace directo entre ella y Barceló. La Tacón, en el fondo, pensaba siempre como toda mujer de buenas costumbres.

Con lo que no contaba la Tacón era con la timidez de Medina. Los dejó solos pero —según la Chiqui confió después a la Tacón— allí no pasó nada, el capitán no la tocó un pelo; toda la breve entrevista —pues Medina no tardó en levantarse, tembloroso como un examinando— debió consumirla con el ojo ido, haciendo tics con el cuello por encima de la camisa y cuando la Chiqui hizo un movimiento de cabeza señalando al dormitorio contiguo, debió responder con un «Por favor, señorita, se lo ruego» del que la Chiqui no tenía noticia ni experiencia personal pues sólo lo había oído en relatos de sus compañeras en torno a la mesa camilla, y siempre puesto en boca de maniáticos, depravados y ancianos.

La Tacón no le dio importancia al fracaso. Incluso, gran conocedora de los sentimientos aplicados, a la vuelta de unos días lo celebró como muestra de un creciente interés del capitán que no se conformaba con lo de un cualquiera sino que probablemente aspiraba a algo que aunque fuera difícil imaginar o pronosticar en cualquier caso significaría para ella —la Tacón— un incremento en todos los sentidos de los beneficios de su inversión.

El capitán, con todo, le puso al corriente de su intención de salir al monte en busca de Barceló.

La Tacón se había sentado de nuevo en la mecedora, con una pierna sobre la otra enseñando la rodilla y parte del muslo, y se aplicaba al pecho el aire de un abanico de paja.

—Si lo encuentra, comandante, me lo trae derecho aquí. Yo le enseño a ése, mejor que todos ustedes, lo que son modales.

Cuando regresó al fuerte al capitán le bullían dos ideas en la cabeza pero una con más frecuencia que la otra. Aquella tarde la ocupó en los preparativos de la marcha que según sus cálculos debería durar casi una semana. El mando del fuerte lo confiaría, durante su ausencia, al sargento Mayoral, como era la costumbre, y decidió acompañarse de tres hombres; el cabo primera Martí, un hombre que había servido voluntario, que se había reenganchado y tras conseguir su primer galón dorado había optado por seguir la carrera de cuchara, y que le merecía toda su confianza, y dos soldados, uno de ellos un chico muy avispado, excelente cazador y conocedor del monte. Cuatro hombres con sus armas, dos caballos, cuatro mulas y unas cuantas provisiones era cuanto necesitaba para una batida por la Sierra de Región, hasta las tierras de Mantua y el Hurd.

—Parece que nuestro capitán está empezando a perder la paciencia —dijo Olvera, a la hora de la cena—.

Los servicios dóricos de información, ¿le han suministrado una buena pista o acaso algo mejor que una pista?

El capitán enmarcó su mirada en el plato de sopa y tomó dos cucharadas para responder como si no hubiera oído nada.

—He recapacitado sobre lo que usted me dijo. He pensado que no estará de más echar un vistazo a esa montaña. Pero por lo poco que he podido saber no creo que si está allí esté recibiendo ayuda de fuera. Por otra parte, hace tiempo que no voy por esa tierra, que se visita rara vez. Y es una excursión que merece la pena.

—¿Sus hombres son de su misma opinión, mi capitán?

—Mis hombres son siempre de mi misma opinión, mi coronel.

—Nuestro capitán es un hombre afortunado, muy afortunado —dijo el coronel, al tiempo que se echaba un poco para atrás para indicar al asistente que había terminado con la sopa.

—¿Y qué se dice por el Doria? —el coronel no tenía el menor escrúpulo en demostrar su interés por tocar aquel punto tan incómodo para su compañero de mesa.

—No he podido saber gran cosa. He sacado la impresión —contestó el capitán, forzando la naturalidad de sus palabras— que esa mujer sabe tanto como nosotros y es la primera en lamentar su fuga. Y que se sentirá más tranquila el día que le pesquemos de nuevo, si es que lo logramos.

—Es natural, capitán, es natural —dijo el coronel, cuando estaban solos, esperando el segundo plato. Para añadir:

—¿No lo cree usted así?

El asistente sirvió unas tortillas a las finas hierbas.

—Importa saber si escapará ella también. Si no encuentra usted a Barceló, capitán, habrá que ver lo que pasa con el Doria; dudo mucho que siga donde está. ¿No estarán haciendo los preparativos para la mudanza?

—No lo sé, no da esa impresión. No había estado en ese lugar hasta anteayer y no sé si ha cambiado pero no hay indicios de que se dispongan a levantar el asedio.

—El asedio a Barceló, usted lo ha dicho. Nuestro capitán avanza en el estudio del corazón humano y empieza a sospechar que tanto como de estos muros de quien ha escapado nuestro hombre es de esa mujer. ¿O me equivoco?

Al capitán se le fue el ojo; su tortilla estaba mediada y seguía apretando y agitando el tenedor aun cuando el pedazo ya estaba cortado.

—¿Qué le hace a usted suponer eso?

El coronel había llegado donde quería y para subrayar la firmeza de su respuesta hizo una larga pausa, un poco retirado de la mesa en espera del tercer plato.

—Lo que para usted, capitán, y no tiene por qué molestarse si lo digo, es un problema casi irresoluble, para la policía es un juego de niños. O queda neutralizado o lo encuentran, en menos de una semana. Les bastará tener el ojo puesto en esa mujer, la Tacón, de la que seguro que lo saben todo. Y eso también él lo sabe, capitán, lo sabe muy bien. Esa gente no se anda por las ramas. Así que de la Tacón ni fu; que se despida por una larga temporada si no es para toda la vida. Aparte de que, bueno, para qué hablar de eso, puede que ya no tenga tantas ventajas y le atraiga una carne más fresca. Esos hombres son así, capitán, no respetan nada. Ni siquiera se respetan a sí mismos.

El asistente trajo una fuente de albóndigas con patatas que Medina rehusó. En cambio el coronel se sirvió de manera cumplida.

—Ni siquiera se respetan a sí mismos —repitió el coronel, con ahínco, para hurgar en la herida.

El capitán pidió un vaso de leche y echó una cucharada de azúcar que revolvió al tiempo que el coronel pelaba una manzana, dos gestos que contrastados condensaban muchas diferencias.

—Tiene usted por delante una labor muy difícil —sentenció el coronel, mientras lentamente se complacía en cortar toda la piel de la manzana en una sola tira que dejó enroscada en el borde del plato—. Una labor muy difícil porque está exigiendo sacrificios cada día y cada hora. Todo lo contrario de esos tipos que sólo van a lo fácil; con riesgo pero a lo fácil. La vida fácil, el dinero fácil, las mujeres fáciles.

—Yo no lo veo tan fácil —apuntó tímidamente el capitán, y extendió los labios para apurar las últimas gotas del vaso de leche.

El coronel dejó el prisma del corazón de la manzana en el centro del plato, apoyó ambas manos en el borde de la mesa y con un doble y ligero empujón se retiró un palmo al tiempo que basculaba la silla sobre sus patas traseras.

—Por favor, capitán, no me diga que un tipo como ese le puede merecer una pizca de respeto.

El capitán se debió sentir un poco acorralado.

—No he dicho eso. Sólo he dicho que su vida no me parece nada fácil. Pero que nada fácil.

—No hablemos de eso —contestó el coronel, con la vista en el techo mientras esperaba el café—. No se trata de eso. Si se lo ponen difícil es porque van a lo fácil pues en este mundo nadie ata los perros con longanizas. Pero en la vida hay que hacer muchos sacrificios, quién mejor que usted para saberlo, capitán. Sacrificios de todo orden y que en todo momento exigen una disciplina que en ningún caso se puede dejar de lado. En ningún caso.

Al capitán se le fue el pensamiento, tal vez hacia la Chiqui, hacia la compatibilidad de la Chiqui con la disciplina.

—Un solo fallo y todo se viene abajo. Da lo mismo donde sea. Por eso en el servicio se exige el mismo rigor en el cuartel que en casa o en la calle. Por eso la vida privada tiene que ser irreprochable, cosa que han olvidado algunos compañeros nuestros que también se han dejado arrastrar a lo fácil. Hicieron lo difícil y ahora, cuando mejor lo tienen, van a lo fácil. Es incomprensible.

El capitán hizo ademán de levantarse pero el coronel lo detuvo con la mirada.

—Cuidado, capitán, mucho cuidado.

—No sé a qué se refiere usted, mi coronel. ¿Con qué tengo que tener cuidado?

El coronel apuró el café y montó el labio inferior sobre el superior, con pequeños signos afirmativos y una propuesta de mirada intensa.

—Su situación es muy especial y la vida aquí muy dura ¿por qué negarlo? Pero por eso hay que ser más exigente con uno mismo que en cualquier otra circunstancia. Porque puede usted caer muy fácilmente, si se descuida un instante.

En aquel momento, y por una vez, Medina pareció desear que el coronel fuera más explícito y que incluso se atreviera a dar nombres.

142

—Pero caer, ¿dónde? ¿Con qué tengo que tener cuidado?

—Lo sabe usted demasiado bien —dijo el coronel, con la satisfacción de quien sabe que da en el blanco, gracias a una fórmula de gran angular, sin dejar de ser enigmático.

XVI

ESTABA CALDÚS DURMIENDO LA SIESTA cuando llamó a
su puerta el chico del hotel Cuatro Naciones para decirle que un cliente deseaba quedar con él para un viaje
al día siguiente. Caldús tenía el coche, un Seat 1400
de la primera hornada de la fábrica, que había com-
prado de segunda mano y mejorado con unas fundas
azules y unos cuantos cromados, a la puerta de su
casa; en aquellos días no abundaba el trabajo; unos
quintos le habían alquilado para ser llevados a San
Mamud y un paisano, con el que había tenido que
regatear, había hecho uso de sus servicios para llevar
a los familiares de su mujer hasta Macerta. Lo demás
habían sido viajes de cercanías.

El cliente era un hombre joven, con acento astu-
riano, pequeño y rubio, que llevaba gorra y chaleco
y calzaba zapatos muy afilados. No se detuvo en explicaciones. Concertó el precio del viaje —ida y vuelta—
hasta la Casa Zúñiga y la hora de salida, las tres de
la tarde del siguiente día, a la puerta del hotel, con
idea de estar de regreso esa misma tarde. Era un tipo
descarnado, que observó el coche con suficiencia de
experto.

Cuando Caldús llegó al día siguiente, el cliente esperaba sentado en el vestíbulo entre relucientes aspidistras, fumando con afectación, con el tobillo derecho sobre la rodilla izquierda, estirando la raya del pantalón con dos dedos y soplando las motas de polvo de sus puños y de las puntas de sus zapatos.

Las instrucciones que el chófer del señor Peris había recibido de su jefe eran como siempre claras y terminantes. Debía acercarse a Región con el coche; dejarlo allí —nada de garajes— y tomar un taxi, un taxi que fuera bien conocido, para estar en Casa Zúñiga el sábado entre cuatro y cinco de la tarde y recoger allí a Luis Barceló y al rubio. El señor Peris ignoraba que Luis Barceló se hubiera fugado del fuerte en compañía de otro muchacho. Una vez en Región debía dejarlos en las señas convenidas y volverse de vacío, nada de viajes en su coche ni fichas de hotel. El itinerario quedó perfectamente definido.

Llegaron a la Casa Zúñiga a la hora convenida y allí, como de costumbre, no apareció nadie. Dentro de la casa se oían voces, casi todas femeninas, cortadas de tanto en tanto por la protesta enérgica pero inútil de un hombre.

Caldús dejó el coche a la sombra del negrillo, con las puertas abiertas, y se dispuso a esperar en el zaguán. El cliente —el chófer del señor Peris— se dedicó a estudiar las pozas de la orilla del Torce, saltando sobre las piedras con cuidado de no mancharse sus zapatos, en busca de peces.

A eso de las ocho, unas dos horas más tarde de lo previsto, la campana fue agitada violentamente y la sombra de una muchacha se deslizó por entre las cercas y los frutales hacia el embarcadero. En la otra orilla, Caldús distinguió cuatro personas, una mula y un perro, un perro pequeño de lanas, como una fregona, que emitía una serie de tres ladridos breves, metálicos, semejantes al chasquido de una cizalla.

Caldús reconoció a Amaro y se acercó a la orilla para saludarle levantando el brazo. Cuando el esquife abordó la otra margen el perro saltó hasta proa, agitando el rabo sin dejar de ladrar, pero a una orden de Amaro volvió a tierra, dando vueltas alrededor de él, sin dejar de ladrar, mientras el esquife hacía el viaje de vuelta con los tres hombres.

Caldús levantó el brazo y dio una voz y Amaro se volvió, tan sólo para hacer un sumario gesto con la mano y volver a su camino cuesta arriba, tirando de la mula, con el perro detrás que cada cuatro pasos se volvía para ladrar al esquife.

Cuando saltaron a tierra los tres hombres fueron derechos al coche, sin detenerse en la era ni siquiera mirar a la casa. El chófer volvió corriendo pero antes de que llegara al coche, Luis Barceló ya se había sentado junto al conductor, indicándole con la cabeza que se acomodara atrás.

Llegaron a Región a eso de las diez, bien entrada la noche, pero antes de cruzar el puente Barceló ordenó parar y se apeó. Abrió la puerta trasera de su lado y ordenó de manera conminatoria:

—Vosotros dos fuera —señalando al chófer y al pequeño.

Los otros dos, en la poca luz de la calleja del arrabal, no se movieron.

—He dicho fuera.

Caldús giró la cabeza para mirar. Barceló le señaló el parabrisas con el índice.

—Tú a lo tuyo.

El primero en salir fue el chófer, haciéndose el remolón.

—Vamos, chaval, no me gusta decir las cosas dos veces.

El otro se movió. Al fondo del asiento brillaba la boca abierta de Ventura. Cuando se arrimó a la puerta, Barceló tiró de su brazo, lo sacó fuera y aprovechando el mismo movimiento ocupó el asiento posterior. Cerró la puerta de un golpe y ordenó a Caldús continuar.

A la mañana siguiente, cuando Caldús fue a ocupar con su coche su puesto habitual en la Plaza Mayor, frente al Ayuntamiento, ya estaba Amaro en primera posición. Aparcó el coche detrás del de Amaro, colocó la tarjeta de LIBRE en la repisa y observó el aspecto poco animado de la plaza. Luego se llegó a donde estaba Amaro hijo, sentado al volante, con la cabeza recostada sobre el bastidor de la puerta; se apoyó con los codos sobre la ventanilla abierta y dijo:

—¿Qué, te tomas un café? Ayer vi a tu padre.

—¿A mi padre? —preguntó Amaro hijo, sorprendido.

XVII

EL CAPITÁN Y SUS HOMBRES llegaron a Casa Zúñiga a
eso del mediodía del martes, justo una semana después que lo hiciera el pequeño. Dejaron las caballerías
a la sombra del negrillo y los hombres se dispusieron
a tomar un bocado y un descanso a la orilla del río
donde el cabo Martí se dio un chapuzón; abrieron
unas latas de sardinas y de bonito y se hicieron unos
bocadillos, cada uno con su chusco.

El capitán entró en el zaguán; de una habitación
de arriba, separada por huecos, tabiques, escaleras y
lonas, llegaba el eco asordinado de una conversación
de mujeres, palabras que la distancia convertía en
agitación de élitros, instantáneos y nerviosos vuelos y
súbitos golpes contra un cristal.

Dio una voz y salió de nuevo a la era. Rodeó la
casa, saltando la tapia de la huerta a sus espaldas, y
las voces tan pronto se acercaban como se desvane-
cían, como si sombra y sol fueran medios diferentes
para su propagación. Cuando por la otra esquina regresó de nuevo a la era, al pasar junto al negrillo reparó en las marcas de neumáticos, bastante recientes. No
había llovido en dos semanas y por consiguiente po-

dían contar esa edad. Sólo unas roderas estaban claras, una maniobra de vuelta alrededor del negrillo; de allí no había pasado un coche, aunque otras se perdían tanto por el camino del río como por el de las lomas.

No había ningún hombre en la casa y las mujeres no sabían nada, o no supieron decirle —por el hueco de la escalera, sin asomar más que dos voces que a duras penas se ponían de acuerdo— sino que en aquellos días había pasado por allí la misma gente de siempre; un par de coches en dirección a la sierra y la gente de las minas para atravesar el río.

No por la información sino llevado de su instinto y apoyado en las marcas del coche que allí había dado la vuelta, el capitán decidió alterar el plan que se había trazado de antemano y en lugar de seguir el camino del río hasta el cañón decidió vadear la corriente un poco aguas arriba para continuar por la vega hasta la cuenca minera y de allí bordear los escarpes del Hurd para alcanzar El Salvador y Bocentellas en su vuelta a San Mamud.

Eran cerca de las seis de la tarde cuando llegaron al poblado minero de La Cenicienta, a lo que quedaba del poblado minero; cuatro pabellones alargados —de una sola planta, de edificación un tanto chapucera, con cubierta de uralita a dos aguas y puertas y ventanas metálicas, con ningún cristal intacto— que situados a distintos niveles para aprovechar la topografía formaban un remedo de calle empinada cerrada por las letrinas. Tres de los barracones estaban abandonados y arrasados; de alguno se habían llevado hasta los cercos metálicos y la fábrica de bloques mostraba sus incurables cicatrices, cosidas por los pernos y hierros fijos. Cuando el capitán entró un pájaro fue a buscar refugio en la cercha de madera, agitando sus alas furiosamente; un cuadrado de sol enmarcaba sobre el suelo de terrazo unas heces no muy recientes.

El cuarto barracón seguía habitado; con cuatro postes, un mallazo y unas chapas de uralita se había formado una corraliza donde media docena de gallinas hacían gala de su necia indiferencia al entorno.

El barraconero no se molestó en saludar al capitán cuando pasó junto a él con un cubo de carbón en la mano. Si a su vuelta al barracón aquella tarde se hubiera encontrado con el Papa, bendiciéndole desde su silla gestatoria, tampoco se habría molestado en volver la cabeza hacia él. Había vivido mucho aquel barraconero. Mucho y mal. Era viejo, estaba jubilado desde hacía años, desde un diagnóstico de neumoconiosis en tercer grado. Después había trabajado de penitente y barraconero en La Cenicienta y cuando, una tras otra, incluso la de sílice, todas las minas de la pequeña cuenca se fueron cerrando él prefirió quedarse por aquellos andurriales, no por apego a ellos —sin duda— sino por falta de ganas o energías para largarse a otra parte.

No era el único. Otros más jóvenes y con más salud también habían optado por quedarse para ejercer una suerte de minería furtiva, hurgando como podían en los viejos frentes en busca de un legendario filón de plata que cuantos más hombres y capitales arruinaba más fresca y vigorosa mantenía su leyenda. Se mantenían por allí como podían; a veces abandonaban el lugar por una temporada, para trabajar en las minas del alto Bierzo o en la cabecera del Sil o incluso en Asturias, pero no tanto para hacerse con unas perras o cambiar transitoriamente de vida cuanto para procurarse una temporada de descanso tras la cual volver al lugar con nuevas energías para buscar el filón de plata. Hay quien aseguraba que eran más de un centenar, otros que no pasaban de dos docenas. En general se asociaban en grupos de ocho, diez o doce que formaban una suerte de cooperativa en la que los gastos iban a escote o pagaba quien podía, a cambio de futuras participaciones. Lograban atraer a ciertos comerciantes que a fechas fijas subían hasta allí con sus caballerías para vender —o trocar por una geoda o una muestra de piedra con intrusiones metálicas o una serpiente fósil— unas ropas usadas, relojes falsos, chucherías de plástico y fotografías y estampas devotas o pornográficas. No era raro que de tanto en tanto les sorprendiera el grisú y se cobrara unas cuantas vidas, que a nadie importaban, de un golpe. No dejaban viudas ni niños, los habían abandonado hacía tiempo. Más de uno quedaría enterrado en vida y cuando un grupo se decidía a investigar —ése era el prosopopéyico término que utilizaban para hablar de sus labores— un frente que había sido descuidado durante una larga temporada no era raro encontrar entre las ruinas de las fortificaciones, entre el escombro y los postes y cuadros abatidos, el cadáver de un compañero —no descompuesto— que al decidir un día hacer la guerra por su cuenta pasó inadvertida su desaparición.

Pero el barraconero no era uno más entre ellos; era la permanencia, poco menos que la corona, de la misma manera que La Cenicienta era la capital. No tenía necesidad de moverse, jamás saldría de allí; con frecuencia tenía inquilinos en el barracón pero también pasaba muchos días solo. No le faltaban artículos de primera necesidad y a nadie negaba una cena, incluso un pollo. Por eso mismo tampoco dejaba de tener obsequios que le llegaban con regularidad.

Se sentó en el umbral de la puerta y dijo:

—No, no ha pasado nadie por aquí. Por aquí nadie tiene por qué pasar, sólo los justos. Pero los justos no tienen por qué pasar pues ya están aquí. Bien claro lo dijo el Señor, por boca de uno de sus príncipes, que de los justos será el reino de este mundo. Usted tiene buen aspecto, es mejor que se cuide. Nadie puede decir, he aquí el agua del Jordán que no beberé más. Pero de todo eso tienen la culpa las circunstancias; las circunstancias. No tendría por qué haberlas porque entonces no habría pecadores ni injustos. ¿Usted me comprende? Comprendo que para usted es difícil, un hombre de tan buen aspecto. ¿Y ese uniforme? ¿Es eso un uniforme? ¿Qué clase de votos ha hecho usted? Yo los he hecho todos, incluso el de silencio, porque cuando hablo, hablo yo solo, que es como no hacerlo con nadie, y cuando hablo con los demás es de cosas sin importancia. Tonterías. Baladronadas. Las Escrituras.

El capitán había despachado a sus hombres a inspeccionar un caserío cercano y otra bocamina y como se retrasaran decidió hacer noche en La Cenicienta. El barraconero lo dispuso todo; cuando hubo terminado sus breves preparativos, se sentó en el primer peldaño de la puerta y dijo:

—Odio las circunstancias, no deberían existir. Y presiento que la sabiduría de nuestro pueblo —que es muy grande— acabará un día con ellas. Tarde o temprano pero acabará con ellas, y entonces… ah. No me gustaría estar en el pellejo de los humildes, porque de ellos sólo es el reino de los cielos. Ya lo dijo el Señor, por boca de uno de sus príncipes, no esperéis de Mí nada, Yo no tengo nada que hacer aquí. El Señor es poderoso pero nuestro pueblo también. Nuestro pueblo no es sólo el más poderoso sino tan poderoso como el Señor. Las circunstancias hieren. Las Escrituras lo dicen. Me he encontrado en mi vida con toda clase de ellas y puedo decir lo mismo que de las mujeres. ¡Cuidado! Lo mismo que del alimento. ¡Ojo! Nuestro pueblo las superará y no prevalecerán; nuestro pueblo es grande, muy grande, y un día se levantará contra ellas y entonces... ¿usted me comprende? Usted es joven y hombre de buen aspecto. ¡Cuidado! Pues créame, de lo único que hay que hacer caso es de las apariencias; por consiguiente, siendo usted joven y de buen aspecto harán caso de sus apariencias. ¡Cuidado! ¿Qué más puede pedir? No, no puede usted exigir mucho más. Vea usted, yo he visto de todo en esta vida pero por un instante, un momento nada más, y eso es terrible. ¿Hubiera querido verlo por más tiempo? No lo sé; en el momento de la explosión, he visto en los hastiales de la mina la entrega del general Pinto y en la bóveda he contemplado muchas veces, pero que muchas veces, el hundimiento del «Reina Regente», por no hablar de mil otras cosas. ¿Y qué, me pregunto a veces, y qué? Yo sé la ley de los números y qué cifra corresponde a cada instante, fíjese si eso es importante. ¿Y qué? También le diré una cosa que quizá le sorprenda, porque usted es joven y con aspecto de salud. Le diré una cosa: no se deje usted llevar al fracaso, llegue usted a él por sus propios medios. Mire que lo he dicho veces; en general son hombres nobles pero, como todos los que andan bajo tierra, muy tercos. Muchas veces les he dicho. ¿Pero cómo fracasáis así? Fracasáis de una forma estúpida, con poca gracia. ¿No aprenderéis nunca a fracasar con talento? Yo tampoco, las veces que lo he hecho, he fracasado demasiado bien, debo reconocerlo. He tenido demasiados éxitos en la vida, he sido afortunado, debo reconocerlo. En tanto no he tenido grandes fracasos, he tenido éxitos, ¿o no? Pero la suerte me ha acompañado siempre, no puedo negarlo. También vi una vez, a todo lo largo del avance, el festín de Baltasar y la mano que escribió LIBERTAD A PRESTES o Haya de la Torre. Eran grandes amigos míos allá dentro; hablamos de eso, no tenían opinión. ¿El dinero? Le diré una cosa porque usted parece joven y goza de salud. ¡Cuidado! Pues bien, le diré: pierda cuidado con el dinero. Lo dicen las Escrituras. Cualquier cosa antes que el dinero pues. ¿No sirve el dinero para comprar cualquier cosa? ¿A qué esperar entonces? En cuanto a las mujeres, ¡cuidado! no conozco su manera de existir que debe ser parecida a la nuestra pero, cuidado, sólo aprenden a amar después de amar y sólo conocen después de conocer; o sea, que no tienen mucha inspiración. Y eso es grave. Por eso se dice que sólo en la guerra y el daño se conoce el corazón. ¿Me entiende usted? Ya sé que son cosas muy difíciles y que hay que estar muy preparado. Le diré una cosa: procure usted no estar nunca preparado. Si le coge a usted preparado, peor que peor porque entonces sí que le coge bien, ¿y cree usted que le va a dejar de coger por estar preparado? No, qué va; lo único que le coge preparado. Es evidente que la vida está bien; ahora bien, ¿podía estar mejor? Sí y no, por consiguiente fuera, la cuestión está resuelta ¿quién se atreve a negármelo?

De repente se levantó, dio media vuelta y desapareció para refugiarse en el cuchitril en que se había acomodado, al fondo del barracón.

A la mañana siguiente, el capitán fue a inspeccionar la estribación meridional del Hurd, el azud de San Juan, la cueva de la Mansurra y la cabaña del Indio.

No encontró a nadie, ni siquiera pastores, del valle o del monte, tan diferentes. Como siempre de la chimenea de la casa del Indio salía humo y en la cocina, donde los hombres se demoraron un buen rato, se calentaba al fuego lento una olla de hierro cuya tapa levantó uno de ellos para husmear y dar su aprobación al caldo. El Indio vivía solo y se sabía que jamás se dejaría ver en su casa; se decían de él cosas muy diversas; se decía que era un paisano de Ferrellán al que todo el mundo conocía pero nadie identificaba con el Indio por habérselo propuesto él así; se decía que había matado a su padre y que desde entonces purgaba su crimen con aquella penitencia que él mismo se había impuesto de no dejarse ver por ojos humanos; se decía —por el contrario— que su padre había matado a su madre por haber tenido trato carnal con un cerdo del que había nacido el Indio que no podía, por sus rasgos porcinos, negar su ascendencia y por eso, por aquella vergüenza hereditaria, se ocultaba de todas las miradas; pues también se decía que su padre, tras cometer el parricidio, horrorizado había escapado de la casa —olvidándose del niño, que fue amamantado por una cerda negra, de casta— para arrojarse al embalse de San Juan; pero que por estar las aguas del embalse tan cargadas de gas y plancton, o por lo que fuera, no se pudo hundir y avergonzado decidió no salir nunca de sus aguas y como tampoco sabía nadar reptaba por sus orillas cenagosas y había llegado a desarrollar unas manos y pies palmeados. Ya estaban los hombres dispuestos a reemprender la marcha cuando el capitán, con el pie en el estribo, oyó ciertos ruidos en la casa y algo parecido a una voz ronca. El capitán dijo:

—Esperad un momento.

Los tres hombres obedecieron. La cocina seguía en el mismo orden, ni siquiera el fuego se había alterado. El ruido se oyó de nuevo, así como la voz con dos llamadas. El capitán atravesó un zaguán y localizó el ruido al fondo de un angosto pasillo a oscuras, tras una puerta. El capitán recorrió el pasillo, abrió la puerta y tuvo que echarse a un lado. Una cerda negra, de casta, salió al trotecillo con la decisión de quien conocía el camino, para ramonear entre las jaras y carrascas que crecían alrededor de la cabaña.

A media tarde del segundo día de marcha llegaron a casa de Amaro; no estaban ni él ni el peón, sólo la mujer de este último, en compañía de la chica, a la que encontraron lavando en la pila. Cuando les vio llegar la chica se metió los dedos de ambas manos en la boca y levantó los pies hasta la altura de la cabeza.

El capitán tuvo una sospecha y decidió preguntar a la mujer, aprovechando que estaba sola, lo que había pensado preguntar a Amaro. La mujer le respondió que por allí no había visto a nadie en mucho tiempo. Los tres hombres del capitán empezaron a soltar los ataharres y bajar los bultos.

—Esperad un momento —dijo el capitán—. Mejor será esperar a que vuelva Amaro para ver dónde hacemos noche.

Los tres hombres obedecieron y fueron a descansar junto al almiar.

Si se vio sorprendido, Amaro lo supo disimular porque, además, era hombre de pocas palabras.

Amaro preparó el lecho de los hombres en el sobrado y reservó para el capitán una habitación desocupada de la casa y donde quedaba un catre. Les invitó a cenar —una olla de ropa vieja—, lo hicieron en silencio y al terminar pasó la caja de Farias con la mezcla de hebra y picadura que el capitán rehusó pero no así los otros cuatro.

—Jefe, mañana habrá que...

—Te callas —cortó Amaro. Preguntó al capitán si quería una copa de castillaza pero también la rechazó. Se dirigió a los otros—: ¿Y vosotros? Mujer, llévate a la chica a la cama y trae la botella y unas copas.

El cabo Martí miró al capitán que le autorizó con un gesto. Los dos soldados también rechazaron la invitación.

Cuando quedaron solos, frente a frente, el capitán preguntó:

—Amaro, ¿seguro que no han pasado por aquí?

Amaro se dispuso a liar un segundo cigarrillo. Apenas había probado la copa de licor.

—Por aquí no ha pasado nadie, capitán.

—Tú mejor que nadie puedes saberlo. Esta vez tengo la impresión de que han podido ir de San Mamud a Zúñiga mientras nosotros les buscábamos por la ribera. Pero en todo el país no hay más de seis personas que sepan ir de San Mamud a Zúñiga con lo puesto. Y sin preguntar a nadie.

—¿A quién van a preguntar?

—A ti.

—Nada, capitán, nada —Amaro llevó la copa a los labios—. Busque usted por otra parte.

—Amaro, no me gustaría nada que los estuvieses encubriendo. Pero que nada me gustaría.

Amaro estudiaba la copa sin demasiada convicción.

—¿Encubriendo?

El capitán trató de mitigarlo.

—O ayudando.

Amaro levantó la copa para observarla por abajo.

—¿Ayudando? ¿Por qué? ¿Para qué?

El capitán lo pensó antes de decirlo.

—¿Y si hubiera dinero de por medio? Ese hombre puede tenerlo.

—¿Dinero? —preguntó Amaro con todo aplomo. Hizo una mueca y se echó la copa de un golpe—. ¿De qué me puede servir a mí el dinero?

El capitán se quedó sin respuesta. Durante un largo lapso permaneció callado, sin saber qué decir ni cómo seguir. No conocía mucho a Amaro aunque sí lo suficiente como para comprender que era irreductible. Le alimentaba una especie de fidelidad a su condición que en último término le preservaría siempre de cualquier debilidad. En su vida ya no aceptaba cambios, aureolado de una sórdida y lacónica perennidad, más cercana al mundo animal que la de cualquier persona. Podía ser despiadado no ya con su propio futuro sino hacia esa componente dinámica del presente de los demás, que aparecían por un lado y salían por el otro, para no volver más o para hacerlo transformados en otros.

—Lo mismo que a cualquier hijo de vecino —dijo el capitán, sin la menor convicción, tan sólo para iniciar el descenso del vuelo de la conversación y obligarla a tomar tierra.

—Ya.

El capitán intentó comprender de un golpe de vista ese «ya». Ese «ya» que quería decir: no todo hijo de vecino tiene que vivir aquí ni es viudo ni está solo ni tiene una hija tonta ni tiene sus decisiones tomadas ni le quedan ganas de salir ni... ni es Amaro. La conversación se había posado.

El capitán se levantó.

—No sé si nos veremos mañana, pienso salir muy

temprano. Muchas gracias por la cena y la hospitalidad, Amaro.

—No hay por qué darlas, capitán.

—En cualquier caso —dijo el capitán—, si asoman por aquí vete con cuidado. Uno de ellos es peligroso y el otro muy fuerte. Procura no hacer nada y avísame cuanto antes.

—¿Cuánto antes?

—Ya lo sabes, Amaro.

Cuando el capitán se levantó a las primeras luces de la mañana, Amaro ya estaba en pie, limpiando el establo en compañía del peón.

Se dirigieron a los caseríos de El Salvador que el capitán quería inspeccionar. La iglesia estaba en ruinas: la torre desmochada, el coro y una parte de la cubierta hundidos; saqueada durante la guerra solamente conservaba el retablo principal del siglo XVI, de cierto mérito, que había perdido su policromía, de madera de nogal con manchas blancas en las cabezas de las figuras, que representaba escenas de la Vida y Pasión de Cristo, y un pesado y rústico altar barroco bajo la advocación de San Martín. Una mesa de piedra artificial había sustituido al altar mayor y sobre ella parpadeaba una mariposa de aceite. La puerta estaba abierta y la contra, forrada con una chapa claveteada, hizo rechinar sus goznes como si se tratara de un primitivo instrumento musical; en la capilla de San Martín, bajo una sonriente imagen de Olot que había reemplazado la antigua talla del Santo, el párroco estaba a punto de concluir el sacrificio. No había un solo feligrés, tan sólo un acólito entrado en años y arrodillado a la derecha del oficiante que le observó con extrañeza.

El cura se volvió y dijo «Ite misa est» y el acólito le

replicó con un murmullo incomprensible, con palabras de borra.

El capitán llamó con sus nudillos a la puerta de la sacristía; el acólito había plegado de nuevo la casulla que se disponía a guardar en una cajonera y el párroco hizo la señal de la cruz ante el crucifijo.

—Pasa, hijo, pasa.

El párroco, como de costumbre, cogió al capitán del brazo y lo llevó de nuevo a la iglesia. En el presbiterio inició sus consabidas explicaciones, las quejas de todo párroco con espíritu de restaurador y los lamentos por la gran penuria que le impedía mantener en pie la joya que tenía entre sus manos. Debajo del coro se conservaba un pequeño baptisterio cuya cancela estaba abierta; la pila estaba cubierta con dos planchas de madera. El padre dijo con marcado énfasis:

—Ésta es la pila bautismal o máquina de cristianar. Una pieza única.

A la puerta de la iglesia el párroco cobijó sus manos en las bocamangas de su sotana. El capitán le expuso las razones de su visita.

—¿Alguna oveja descarriada del rebaño? ¿Alguno que se ha apartado de la senda de Nuestro Señor?

El capitán reculó.

—No soy yo quién para decirlo, padre, pero no me extrañaría nada. El Señor no ilumina a todos por igual.

El párroco sacó la mano derecha de la bocamanga y señaló con el índice el suelo.

—Humíllate —dijo.

—¿Cómo dice, padre? —preguntó el capitán.

—Que te humilles, te digo.

El capitán miró a sus espaldas. La pequeña plaza

estaba desierta, sus hombres andaban por el pueblo, indagando entre sus cuatro casas. Se arrodilló.

—Repite ahora conmigo: el Señor ilumina a todos por igual.

—El Señor ilumina a todos por igual.

—Amén.

—Amén.

—Ya puedes levantarte. Ahora dime, ¿qué clase de gente es la que buscas?, ¿son de por aquí?, ¿o se trata de facinerosos?

—Son dos quintos que cumplían su servicio en San Mamud. Escaparon la semana pasada y es posible que traten de huir por aquí.

—Y dime, ¿estás libre de culpa?

—No lo sé, padre; me he limitado siempre a cumplir con mi deber. No creo que sea mía la culpa.

—Humíllate.

—¿Otra vez, padre?

—Humíllate, te digo.

El capitán hincó de nuevo en tierra la rodilla izquierda, manteniendo en alto la derecha, y bajó la cabeza como en la misa de campaña, al alzar.

—Ahora repite conmigo: Señor, no estoy libre de culpa.

—Señor, no estoy libre de culpa.

—Amén.

—Amén.

—Ya te puedes levantar. Dime ahora, ¿qué te hace pensar que pueden venir por aquí? Por aquí no pasa nadie, ¿es que no lo sabes? Y menos tratando de huir, ¿a dónde van a huir por aquí?

—Hemos buscado por todas partes sin ningún resultado positivo. Por último decidimos acercarnos por aquí.

162

—¿No se os ha ocurrido rezar a San Antonio, verdad?

El capitán, tras una furtiva mirada a sus espaldas, se arrodilló de nuevo.

—Levántate, ¿por qué te humillas? Levántate, te digo. ¿Es que escondes alguna falta?

El capitán se irguió, sacudiendo el polvo de su pernera izquierda. El párroco insistió:

—Confiesa, ¿escondes alguna falta?

El capitán lanzó un largo resoplido.

—No lo sé, padre, le aseguro que no lo sé. Pero, por favor, no me obligue a humillarme de nuevo, ya está bien por hoy.

—Tendrás que humillarte una última vez, esto no ha de quedar así. Comprende que no puede quedar así. Así que humíllate.

—¿Por última vez?

—Te prometo que es por última vez. Te lo prometo.

—Es que tenemos prisa. No es por nada pero tengo prisa, padre. Tengo que estar en el fuerte el sábado lo más tardar, y queda mucho camino.

—Humíllate, haz lo que te digo, hijo.

—¿Por última vez? Júremelo.

—Te lo juro por Dios que es por última vez. Te lo prometo, te lo juro. Venga, si tienes tanta prisa acabemos ya.

—¿Me jura que es por última vez?

—Venga ya, te lo juro. ¿No te he dicho que te lo juro?

El capitán se arrodilló con la izquierda e hincó su barbilla en el pecho.

—Repite conmigo: Señor, perdona mis faltas e ilumina mi camino.

—Señor, perdona mis faltas e ilumina mi camino.

—Amén.

—Amén.

—Ea, ya puedes levantarte. Yo te bendigo en el nombre del Padre, del Hijo y del Espíritu Santo. Ya puedes seguir tu camino.

Aquel mismo día continuaron hacia El Auge, un pueblo abandonado que hacía tiempo no visitaban los gatos, donde las lagartijas sobre los montones de cascotes calcinados giraban a ambos lados su cabeza como Cortés en Dairén, que quizá por su arruinada condición daba las más altas temperaturas del país, entre cuyos restos podía encontrarse una página de periódico que narraba las hazañas de Barberán y Collar. De El Auge siguieron hacia las vegas de San Bruno y la Casa de Mazón, a donde llegó el capitán a la caída de la tarde del jueves y en la ignorancia de que estaba de nuevo habitada por un miembro de la vieja familia.

Cuando Tinacia supo de qué se trataba lo primero que hizo fue ordenar a Antonio que tomara las disposiciones necesarias para el acomodo en su casa, por aquella noche, de la pequeña tropa. Antes de recibir al capitán en el salón se arregló el pelo, se acicaló, se aplicó al cuello unas gotas de una colonia perfumada y se echó un chal por encima de los hombros.

—Pase, pase, está usted en su casa —hizo un gesto con el abanico negro, de espaldas a la puerta—. Pase, por favor; tome asiento. ¿Cómo dice que se llama? Sabe usted, aquí apenas tenemos visitas.

—Capitán Medina, para servirla. Carlos Teodoro Rodríguez Medina, del Regimiento de Ingenieros.

—Usted me perdonará, no le puedo ofrecer nada. Ya ve cómo vivimos. Quizá una copa de vino. Hace sólo unos días que me he instalado aquí y no podía

imaginar que tuviera usted la delicadeza de interesarse
por mi nueva residencia. Ha sido muy atento de su
parte y de haberlo sabido le habría preparado una aco-
gida un poco más digna. Pero quizá ustedes prefieren
cumplir su misión sin previo aviso, teniente.

—Capitán. Capitán Medina.

—Qué cabeza la mía. Medina, Medina… Usted sin
duda será pariente de Elvira, ¿qué ha sido de ella?
Hace años que no la he visto, bastantes años. Antes
solían venir todos los veranos pero desde que murió
el mayor de los Gros no quisieron aparecer más por
estas tierras. No era sólo cuestión de malos recuerdos,
era, yo creo, mucho más que eso. De todas ellas con
quien yo me llevaba mejor era con Elvira; era menor que yo pero nos llevábamos muy bien, como her-
manas. La mayor, muy simpática, siempre de buen
humor ¡y tan ocurrente! estaba un poco loca pero yo
con quien me llevaba bien era con Elvira. Margarita
era otra cosa, qué chica tan encantadora. Lo que tuvo
que pasar aquella criatura. Cuando me casé se vino a
pasar una temporada con nosotros. Ya sabe usted, entonces no era como ahora, una joven o encontraba marido o no encontraba nada. El marido o los sobrinos,
eso era todo. Aquel hombre la trajo por la calle de la
amargura. Nunca pude comprender lo que ocurrió;
era un chico tan normal, tan educado. Y de repente…
Bueno, su padre había muerto loco, pero loco de atar,
no como los de ahora; tan loco, figúrese usted, que se
metió en la caseta del perro y eso que era todo un
caballero, yo creo que había sido senador o cosa parecida. No sé si incluso ministro pero a lo mejor me
equivoco. Todo un caballero, de un aspecto imponente;
y un día ¿no se mete en la caseta del perro, se pone
el collar, se ata con la cadena y se dedica a ver pasar

la gente por la calle? No, no ladraba, eso es lo que quería la gente pero él no ladró nunca; al revés, incluso se volvió más afable y hablaba con las amistades de lo divino y lo humano, sólo que dentro de la caseta del perro, con el sombrero puesto y consultando constantemente el reloj. Fue muy difícil sacarlo de allí, ya se imagina usted; hubo que llamar a unos carpinteros que desmontaron la cubierta y las cuatro paredes, sin que él opusiera ninguna resistencia, exactamente la misma resistencia que hubiera opuesto un perro, y luego se lo llevaron en volandas y le embutieron en la camisa aunque jamás, que se supiera, produjo actos de violencia. Fue entonces el hijo el que se vino abajo, abrumado por la responsabilidad de la casa y la vergüenza de un padre loco. Su hermana estaba casada con ¿cómo se llamaba aquel joven, sí hombre, que llegó un día en motocicleta, figúrese usted en motocicleta en aquellos años, la primera que se vio en Región, cómo se llamaba…? Bueno, ya me acordaré. Los dos pretendían a la misma muchacha y como eran grandes amigos y no querían pendencias entre ellos resolvieron celebrar una competición que decidiría cuál había de ser el único candidato. Una competición ciclista en la que ambos corredores, dos perfectos caballeros por otra parte, que decidieron suspender las reglas de urbanidad cuando estaban encima de la bicicleta, trataban por todos los medios y con los procedimientos más sucios de hundir al contrario. Se daban patadas y golpes, se arrojaban aceite, se pinchaban las ruedas pero ninguno de los dos consiguió ganar. La meta estaba en nuestro jardín y como se pasaron todo el verano corriendo en bicicleta la muchacha se echó un novio pero que no recuerdo por qué tampoco terminó en marido. Arellano, eso es, Arellano, ahora me acuerdo. No, no tenía mucho dinero pero era un hombre educado y con una conversación agradable. Cuando murió el mayor de los Gros decidió que había que ayudar a la familia y se metió allí a trabajar de administrador, de criado, de maestro de las niñas y de todo y sacó la casa adelante, vaya que si la sacó, sin que se pudiera decir de él ni esto. Y entonces Elvira decidió que aquello no podía ser y, fíjese usted, no volvió por aquí.

—A propósito —interrumpió el capitán—, ¿no habrán visto por aquí...?

—Ahora que usted lo dice, yo creo que sí volvió. Me hace usted dudar pero estoy por decirle que sí volvieron; ya lo creo que volvieron, todos los años. Pero ya no era lo mismo, no sé si usted me comprende. Casi todas estábamos casadas y la que no, qué quiere que le diga, tenía que aceptar las circunstancias. En nuestro tiempo la mujer tenía que aceptar las circunstancias, fueran las que fueran.

—Las circunstancias, ¿eh?

—Ya lo creo, siempre mandan las circunstancias. Ya podrá ser usted el mejor hijo del mundo que si las circunstancias le obligan a ello no tendrá más remedio que matar a su madre. Yo no digo que matara a su madre, no lo he dicho nunca, pero, en fin, digamos que dejó que se muriera. A su madre había que conocerla, una señora de armas tomar, que le dijo: «Yo te aseguro, Miguel, que si sigues con esa mujer, antes de las fiestas del año que viene me verás muerta.» Y lo cumplió, vaya si lo cumplió; como que la mayor parte de la comitiva tuvo que volver corriendo del cementerio para llegar al baile del Casino. Ciertamente la tragedia se cebó con aquella familia. Cuando murió el mayor de los Gros se pudo decir: ya está bien, ¿qué más?, ¿que se incendie la casa y se carbonicen las niñas? Tres niñas angelicales que sin duda usted las ha tenido que conocer, pero yo creo que llevaban la tragedia en los ojos. Y luego la guerra fue terrible, terrible. Tres bellezas que no parecían de este mundo y mire usted cómo terminaron.

—Pues ¿cómo terminaron? —preguntó el capitán.

—Pues mal, muy mal. ¿Cómo iban a terminar? La menor (yo creo que era la más guapa, con unos ojos verdes que daba miedo mirarlos) se lió antes de la guerra con un señorón de muchísimas perras (que estaba casado, naturalmente) y ya se puede usted imaginar. Por cierto que me dijo Elvira una vez, y eso lo sabrá usted mejor que nadie, que ella tuvo algo que ver con su muerte porque apareció en Francia con un maletín lleno de joyas que la viuda reclamó después de la guerra. Por aquí vino...

—A propósito —interrumpió el capitán—, ¿no habrán pasado por aquí dos jóvenes últimamente?

—¿Dos jóvenes?, ¿últimamente? —preguntó Tinacia—. Sí, claro que han pasado, seguro que han pasado.

El capitán se puso en pie.

—¿Han visto por aquí dos hombres en los últimos días?

—Oh, qué pregunta más tonta —dijo Tinacia.

El capitán volvió a tomar asiento.

—Perdone, lo que quería decir es si ha visto usted pasar a dos jóvenes.

—Ah, qué pregunta. Los jóvenes no hacen más que pasar y pasar. Eso es exactamente lo que hacen, casi lo único que hacen: pasar. ¿Ha visto alguna vez que los jóvenes se queden?

—Ya, pero quiero decir en los últimos días.

—¿En los últimos días? ¿Qué quiere decir exactamente los últimos días?

—Quiero decir, una semana más o menos.

—Ah ¿era eso?, ¿una semana?, ¿se refería usted a eso? Podía haber empezado por ahí. Sí, sí... en la última semana también han pasado... los jóvenes, digo los jóvenes porque en realidad no sé lo que son, si jóvenes, maduros o viejos. Pero ¿que han pasado? ¡Hombre, si han pasado! No han hecho otra cosa que pasar. Mire usted, teniente...

—Capitán.

—Perdone usted, capitán, tiene usted que disculparme, mi cabeza ya no es lo que era. Mire usted, capitán, han pasado tantas veces, pero que tantas veces, que si no hubieran pasado no sé lo que habría ocurrido.

El capitán se sintió incómodo, con ganas de salir al fresco, abrumado por la idea de mantener la conversación y hacer noche en aquella casa.

—Esta misma noche.

—¿Cómo dice?

—Esta misma noche han pasado por aquí.

—¿Un par de hombres? ¿Uno era delgado, con grandes melenas, y el otro alto y fuerte?

—No sé cuántos eran. ¿Cómo voy a saberlo? Lo único que quieren es pasar, pasar un rato por la casa a eso de la madrugada, con la fresca. Debe ser muy duro permanecer todo el día a la intemperie y lo único que quieren es estar un rato, un rato pequeño, bajo un techo aunque no haya fuego. No pueden soportar que la casa esté cerrada y por eso les dejamos siempre una puerta o una ventana abierta. Es mucho mejor porque así ni se esfuerzan ellos ni la tienen que forzar. Yo creo que sí, que el último usaba unas hermosas melenas. Un poco a la antigua, ¿verdad, capitán?

—Y se fueron, ¿no?

—Nunca se puede decir que se vayan del todo, capitán; se van pero no del todo. ¿Quién mejor que usted para saberlo?

Enmarcado en el hueco de la puerta apareció Antonio, cuya presencia adivinó Tinacia.

—¿Qué hay, Antonio, qué hay?

—La cena.

—Pasa, no te quedes ahí.

Antonio dio un par de tímidos pasos, con las manos caídas.

—Antonio, al capitán le interesa saber algunos detalles de la gente que pasa por aquí.

Antonio giró lentamente la cabeza, como si persiguiera una mosca con la mirada, avanzó hacia el capitán, se inclinó sobre él y colocó su cara a un palmo de la suya.

—¿Para qué?

El capitán se reclinó sobre su respaldo, sin saber qué decir.

—Antonio, sólo se trata de detalles, no de sus vidas.

Al capitán se le fue el ojo.

—Ah, ya; detalles —dijo Antonio, retirándose un tanto.

—¿Le parece usted que cenemos, capitán? —preguntó Tinacia.

Antonio enlazó sus manos y se las restregó con un gesto un tanto frailuno.

—¿Y qué clase de detalles? —preguntó—. ¿Detalles físicos o detalles personales? O, por el contrario, detalles de la clase que usted y yo sabemos...

El capitán no se atrevió a levantarse de su silla y con la mirada interrogó a Tinacia en busca de una respuesta.

—Antonio, el teniente, perdón, el capitán, no está al tanto de algunas cosas. Será mejor que hablemos de eso mientras cenamos —dijo Tinacia, apoyando ambas manos en los brazos del sillón y levantándose con energía.

El capitán pretextó una excusa y solicitó de Tinacia, antes de la cena, permiso para atender a sus hombres. Tan sólo quería salir al aire. Todavía no era noche cerrada, se había levantado una ligera brisa y la olmeda vecina crepitaba como una lenta y continua fritura. Al fondo del patio parpadeó una luz.

—¡Martí!

—A la orden, mi capitán.

El capitán cerró los ojos, acaso para recibir un alivio que algo le impedía reconocer. El cabo se acercó.

—¿Está todo en orden, Martí?

—Todo en orden, mi capitán.

—¿Os han dado la cena?

—¿La cena? Ese paisano nos ha traído una sopa, mi capitán. Un poco de sopa caliente.

—¿Qué estáis haciendo?

—Nada, mi capitán. De Blas ya está durmiendo. Estábamos charlando un rato.

—Si ocurre algo, Martí, no dejes de avisarme. Si notas algo raro despiertas a tus compañeros y me avisas.

El cabo primera Martí desvió su mirada. El capitán se volvió para reconocer la silueta de Antonio, recortada en el marco iluminado de la puerta, con los brazos caídos.

—¿Me quedo de imaginaria, capitán?

La silueta permanecía inmóvil, como la ilustración de una historieta.

—No, no es necesario, Martí —dijo el capitán—. No es necesario. Buenas noches.

La cena consistió en un plato de sopa caliente, con unas indefinibles hebras de carne y bacalao, un pedazo de pan y un vaso de vino. Cuando Antonio retiró el sopero y los platos, Tinacia, secándose los labios con el borde de la servilleta, dijo:

—Capitán, Antonio, ya sabe usted.

El capitán Medina no respondió; la miró con la boca entreabierta.

—Lo que le quiero decir es que Antonio y yo no estamos siempre aquí. Estamos aquí y no estamos aquí.

Antonio reapareció con dos vasos de leche; era leche ordeñada aquella tarde, que no había sido hervida. El vaso del capitán estaba sucio.

—¿Verdad, Antonio? Le digo al capitán, al teniente, perdón, que a veces aunque parezca que estamos aquí, la verdad es que estamos muy lejos de aquí, ¿verdad Antonio?

Antonio se situó de pie tras el capitán, en espera de que se tomara la leche para retirar el vaso. El capitán, sin atreverse a mirarle, posó su mirada sobre el vaso.

—¿La prefiere con un poco de azúcar, capitán?

El capitán se mordió los labios y, tratando de que su gesto pasara inadvertido, hincó las uñas en el bastidor de su silla y lanzó un profundo y casi involuntario suspiro.

—No, muchas gracias, está bien así.

El capitán se tomó de un trago, con resolución infantil, el vaso de leche y musitó otra vez unas torpes excusas para abandonar la mesa y salir fuera. La luz se había extinguido. El capitán vomitó toda la cena —un líquido que dejó al salir mucho más sabor, y más agrio, que al entrar— y cuando, jadeando, con la mano apoyada en el tronco, logró sosegar sus arcadas y enjugar sus ojos, la silueta de Antonio de nuevo se recortó en el marco de la puerta, con los brazos caídos.

Al capitán le fue asignada una casi desnuda habitación en el piso de arriba, en un ala deshabitada, con los suelos y techos combados y las paredes descarnadas. La ventana estaba abierta. Aquella noche se desató una breve tormenta seca y a las pocas horas de conciliar el sueño el capitán fue despertado por el golpe insistente de la ventana contra su marco. El capitán se levantó a cerrarla pero no bien se hubo metido de nuevo en la cama el golpe le obligó a levantarse otra vez. Empero la ventana estaba bien cerrada. Salió de la habitación, la escalera resonaba como una caracola; frente a ella una ventana abierta y una puerta entornada, más allá del rellano, disimulaban su culpa con distintas actitudes inmóviles para, en la más sibilina que inanimada penumbra, insinuar: «adivina quién te dio». El capitán cerró ambas y volvió a su habitación pero el chasquido —ni próximo ni lejano— de una ventana contra su marco le impidió meterse en la cama. Recorrió de nuevo el pasillo y pasó al otro lado del rellano para abrir la puerta que había cerrado y que conducía a otro corredor, apenas iluminado por la bombilla de la escalera. Recorrió a tientas sus paredes y abrió dos puertas más; eran habitaciones desnudas, con residuos por los suelos, con las ventanas abiertas que el capitán cerró no sin encontrar cierta resistencia. Una tercera puerta estaba cerrada con dos candados; el capitán aplicó el oído pero no acertó a oír nada del otro lado. Volvió a la cama para esperar resignado, y con la luz encendida, el nuevo golpe de la ventana que no tardó en llegar, cada vez más próximo, casi a su cabecera. El capitán comprobó el estado de su pistola, sobre el mármol de la mesilla de noche, y decidió permanecer en vela. Creyó oír unas voces muy quedas, más allá de los tabiques, y hasta ciertas risas asordinadas. Luego apagó la luz y ya con la claridad de la aurora se levantó de nuevo y abrió la ventana; amenazaba una mañana de bronce, sin un soplo, sin una nube. Se quedó adormilado para despertar con toda la violencia del sol en el suelo de terrazo, un alda-bonazo a la tardanza y la debilidad.

Al cuarto día de marcha —un viernes— la tropa abandonó de nuevo el valle para tomar el camino de Mantua y por los escarpes y piedemontes, sin rebasar nunca los límites de la Propiedad, alcanzar las vegas del Burgo Mediano y de allí la carretera de Bocente-llas. El capitán señaló el itinerario y dejó que el cabo Martí lo trazara. Sólo desmontó de su caballo —«Obli-gar» de nombre— para echar un mordisco y un trago; ya se había convencido de que su búsqueda era infruc-tuosa y, con la cabeza turbia y el cuerpo pesado, tan sólo deseaba llegar a San Mamud para tomarse un descanso.

Cuando pasó por delante de la clínica el capitán levantó la mano; iba casi dormido. A los pocos pasos se detuvo, desmontó, dio unas instrucciones al cabo Martí y cruzó la calzada, al tiempo que se quitaba la gorra y atusaba el cabello, para saludar al doctor. Al otro no le conocía.

—Buenas tardes, doctor.

—Buenas tardes, capitán. Parece usted cansado.

El capitán apoyó la bota sobre el zócalo de la verja. El otro —Fayón— le miró con recelo. El doctor lo presentó como un viejo amigo suyo y Medina y Fayón se saludaron guardando las distancias.

—Doctor —preguntó el capitán, buscando las palabras—, doctor, ¿tan normal es estar loco?

—El capitán —dijo el doctor, dirigiéndose a Fayón, que asintió con educación— es un hombre de mérito. Un hombre decidido a poner orden en este país.

—Es lo que han hecho siempre, ¿no? —dijo Fayón.

El capitán le dirigió una mirada poco amistosa.

—Doctor, no entiendo nada —dijo el capitán, contemplando la punta de su bota sobre el zócalo.

—No es mala señal —dijo el doctor.

—Ni buena tampoco —dijo Fayón.

—Ni buena tampoco —repitió el capitán, sin ganas—. ¿Pero es normal estar loco?

—Antes lo era. Ahora lo va siendo cada vez menos. Hasta la locura se acaba, capitán, en este país en vías de desarrollo. Dentro de poco ya no nos dejarán ni la locura; nos quitan lo más privado. El Estado se hará cargo de todo, hasta de la locura.

—Vengo desde Casa Zúñiga, por La Cenicienta, El Salvador y Burgo Mediano. Cuatro días buscando a dos que prófugos han escapado de San Mamud y sólo he logrado encontrar veinte enfermos que han escapado de Leganés. Doctor, ¿es normal estar loco? ¿Qué clase de encerrona es ésta? ¿Dónde está la salida?

—Para este capitán atado por la muerte —dijo el doctor.

El capitán miró al doctor, algo sorprendido.

—La piedra es una frente donde los sueños gimen —dijo Fayón.

El capitán miró a Fayón y retiró el pie del zócalo.

—La piedra es una espalda para llevar al tiempo —dijo el doctor.

El capitán miró al doctor. Trató de decir algo.

—Doctor...

—Yo quiero ver aquí los hombres de voz dura —dijo Fayón.

—Aquí quiero yo verlos. Delante de la piedra —dijo el doctor.

Al capitán se le fue el ojo; giró todo el cuerpo para comprobar que sus hombres —y toda la reata— seguían allí, al otro lado de la calzada. El capitán era tímido; educado y tímido. Con palabras de borra inició una despedida y dio unos pasos marcha atrás.

—Ya se acabó. La lluvia penetra por su boca —dijo Fayón, antes de que diera media vuelta.

Ya anochecido llegaron al cruce de la carretera con el camino de San Mamud. El capitán encabezaba la columna, con el torso encorvado, pero una luz a la entrada del Doria y una música dulzona y nítida —una canción que estuvo en boga años atrás y que los años, la distancia y la nocturna desolación habían despojado de toda concomitancia con la moda— le obligaron a erguirse y detenerse. El capitán se apeó de «Obligar», dio unas instrucciones superfluas al cabo Martí, arrendó el caballo al olmo y se dirigió al bar mientras su gente seguía en dirección al fuerte.

En el Doria se demoró un buen rato, bastante más que lo que exigía la inspección con que ante su gente justificó la visita. Cuando llegó al fuerte ya eran las altas horas de la madrugada. Fue la primera vez que la voz le salió al paso, al pie de la barbacana:

—¡Capitán Medina!

«Obligar» se detuvo en seco, bajando la cabeza hasta besar el pavimento. El capitán no reconoció la voz pero tuvo una sospecha.

—¡Capitán Medina! No son horas de volver a casa.

—¿Quién es ahí? —gritó el capitán.

Mucho más débil, desde el portalón del fuerte llegó el alto del centinela de guardia y un débil rumor de pasos.

Antes de dirigirse a su cuarto, el capitán retrocedió todo el corredor para echar un vistazo al otro que partía de él en ángulo recto al fondo del cual se hallaba la habitación de Olvera. Debajo de la puerta había una raya de luz y el capitán se aproximó de puntillas y al no percibir ninguna animación llamó dos veces.

—¡Adelante!

Olvera leía a la luz de un flexo, en pantuflas, pantalones y chaqueta de pijama por la que asomaba el pelo blanco de su pecho. Dejó el libro en el velador, se quitó unas gafas y se caló otras. En un instante el capitán se arrepintió y decidió no mencionar la llamada desde la barbacana.

—Por fin nuestro capitán está de vuelta —dijo Olvera, con su intencionado segundo acento—. ¿Y bien?

—Nada, mi coronel, nada. Ni rastro.

—¿Seguro que nada, mi capitán? ¿Seguro que nada?

Al capitán no se le fue el ojo pero se le subieron los colores. Cuando cerró la puerta debió tener el presentimiento de que la confusión que atribuía a su cansancio no quedaría despejada con su bien merecido descanso.

XVIII

EL TAXI SE DETUVO a la puerta de la antigua clínica y un hombre encorvado, con un sombrero de paja calado hasta las cejas, cruzó la cancela de la verja, subió en dos zancadas la escalera y, tras llamar al timbre, aporreó la puerta. Al no recibir respuesta descendió de nuevo la escalera y agitó la campanilla de la cancela que no emitió el menor sonido.

Desde su asiento el taxista aconsejó:

—Llama más fuerte. Seguro que está.

El otro respondió con un bufido y un gesto, subió de nuevo la escalera y aporreó la puerta con más fuerza para a continuación aplicar el oído a la hoja.

En el piso de arriba se entreabrió una persiana, se dejaron oír unas frases rezongonas y al poco rato se percibieron del otro lado de la hoja unos lentos pasos acompañados de protestas y la palabra «prisas», «prisas» repetida con contumacia.

La puerta se abrió lenta y escasamente y en la rendija apareció el doctor, en camisa, el pantalón mal abrochado y una barba de tres días. Despedía un intenso tufo a aguardiente, sábanas no muy limpias y habitación no oreada.

—¿Qué pasa? ¿A qué vienen tantas prisas?

Amaro empujó la puerta sin miramientos y el doctor, sosteniéndola por el pomo y marchando hacia atrás, la acompañó en su giro, como si bailara un rigodón. Amaro no se quitó el sombrero y cerró la puerta tras él.

Estuvo dentro cosa de media hora, quizá más.

Se abrió la puerta —que dejó abierta—, bajó la escalera y se dirigió al taxi.

—Tú espera aquí —dijo Amaro a su hijo.

Abrió la portezuela trasera del taxi y de un tirón sacó a la muchacha que salió arrastrando los pies, con la mano derecha metida en la boca. Su sombrero no se había movido. De nuevo cerró la puerta tras sí.

El doctor se había despojado de la camisa y en camiseta, tras fregarse la cara, se lavaba manos y antebrazos al estilo cirujano, en una pileta minúscula del otro lado de la cortina, sobre un suelo de linóleo salpicado de agujeros peludos y gotas de agua. El doctor se volvió a poner la camisa que se arremangó.

Puso su mano sobre la cabeza de la muchacha y la obligó a mirar hacia lo alto. Repitió la operación tomándola de la barbilla, al tiempo que retiraba su mano de su boca. Luego descorrió un visillo, abrió la persiana y del cajón de una consola sacó un par de guantes de goma de color caramelo que miró al trasluz. Torció la boca, no demasiado convencido.

Amaro volvió con recelo su mirada hacia la ventana abierta.

—Siéntate, Amaro.

El doctor limpió los guantes en la pileta con agua y jabón y los puso a secar colgados de un toallero partido por la mitad, que aguantaba poco peso. De otro cajón sacó el martillo de caucho con empuñadura de metal e hizo un gesto a la niña indicando la cama de la consulta que carecía de sábana, forrada de hule. Dio un par de palmadas sobre la cama que la joven no atendió, con una mano en la boca y la otra entre las piernas.

—Es lo que yo le decía —dijo Amaro, señalando la otra mano.

—Siéntala en la cama, bien derecha.

La niña quedó con las piernas juntas colgando en el aire, mientras su padre le sujetaba las manos. El doctor alzó sus párpados, observó sus órbitas y midió sus reflejos con varios golpes del martillo bajo sus rótulas.

—La cabeza alta, bien alta —dijo el doctor—. Ahora quieta.

Tras frotarse delicadamente las manos el doctor acarició con sus yemas el cuello de la muchacha, desde el lóbulo hasta las clavículas, repetidamente y con suma atención, mientras miraba al techo para concentrar su atención en el tacto.

El doctor pasó al otro lado de la consulta, al despacho, y en una mesa atiborrada de toda clase de papeles y objetos diversos se sirvió una copa de castillaza.

—¿Quieres? —preguntó.

Amaro negó con la cabeza. No se había quitado el sombrero de paja.

El doctor lanzó un suspiro y volvió a frotarse las manos para repetir sus caricias en el cuello de la muchacha. «No sé, no sé», dijo en una voz apenas audible, casi para sus adentros.

—Vamos a echarla —dijo; corrió la cortina y se caló los guantes de goma.

Cuando terminó la prospección dejó los guantes sobre la pileta, dio un afectuoso cachete a la muchacha y pasando su mano bajo su sobaco la ayudó a saltar de la cama.

—¿Qué hay, doctor? ¿Qué me dice?

El doctor volvió a su gabinete para echarse otra copa de aguardiente; tomó asiento en un sillón tapizado de rojo granate y apoyó su boca en el puntal de sus dos índices juntos.

—¿Qué dice, doctor? —preguntó Amaro.

El doctor no contestó.

—Si ha terminado usted, voy a llevarla al coche.

—Sí, puedes llevarla.

Cuando estuvo de vuelta, el doctor dijo :

—Me parece que tus sospechas estaban fundadas.

—¿Entonces?

—Es todo lo que te puedo decir. Tú sabrás si eso ha podido ocurrir o no. Tú sabrás por dónde ha andado. Lo único que yo te puedo decir es que ha ocurrido pero no puedo saber ni cómo ni cuándo.

—Doctor, ¿estará embarazada?

—No lo sé. Haría falta hacer un análisis. Si quieres te doy una receta para que se lo hagan. Yo aquí no tengo medios. Tendrás que ir a Región. Tal vez don Saturnino.

—¿Y si esperamos?

—¿Cuándo crees que ocurrió? ¿Habrá tenido alguna falta?

—Todo lo más una falta. No hace ni siquiera un mes.

—¿Cómo lo sabes?

—Doctor.

—¿Es que sabes lo que ocurrió?

—Doctor, sólo pudo ser en una ocasión. La chica no sale de casa más que conmigo.

—Si esperas ya sabes a lo que te arriesgas. Por no

hablar de lo que puede ocurrirle a ella. Aunque está muy desarrollada, es muy joven todavía y no sé, con su constitución, qué podrá pasar. Amaro, si ha quedado embarazada será mejor que pienses que ese embarazo no debe prosperar.

—¿Qué quiere decir, doctor?

—Que habrá que provocar el aborto, será mejor para todos. Amaro, ¿te das cuenta de que puede dar a luz una criatura... como ella? Los dos sabemos lo que es tener en casa una criatura así. ¿Te das cuenta?

—Entonces hablaremos dentro de un mes, lo más tardar. ¿Qué le debo, doctor?

—No me debes nada. Vete a casa y procura enterarte si le viene la regla. Lo demás, ¿qué quieres que te diga?

—Lo demás es cosa mía.

—Amaro —dijo el doctor, abriendo la puerta.

—Diga, doctor.

—Cuídala. Nada de violencia, Amaro.

Ya en el umbral Amaro se volvió de nuevo, no sabiendo arrancar a decir lo que quería.

—Doctor...

—¿Qué, me vas a recomendar que guarde respecto al caso la mayor discreción? ¿Lo crees necesario?

—No, doctor —dijo Amaro y se dirigió al taxi. Su hijo le observaba, sentado en el coche con el cristal de la ventanilla bajado, sin que para la ocasión pudiera prescindir del aburrimiento de todo taxista que espera.

Una vez dentro el doctor recogió los guantes de caucho que volvió a guardar en el mismo cajón, donde también había algunas cápsulas y una caja de acero para hervir las jeringas y agujas. No había terminado aún su segunda copa y contemplaba su contenido cuando una voz del piso de arriba le obligó a dejarla donde estaba. De otro cajón sacó un frasco de pastillas y extrajo una. Fue al baño y llenó un vaso de agua donde echó la pastilla. Con el vaso en la mano salió fuera y se llegó hasta la carretera. No se veía un alma. La tarde declinaba y el sol detrás de la fronda recortaba cada hoja, como si cercano ya el término de su mandato hubiera decidido dulcificar sus estatutos y admitir la existencia de sus miles de adversarios. Una vez más la voz en el piso de arriba le obligó a volver. Descolgó un llavón colgado de una escarpia detrás de la puerta. La voz se convirtió en un aullido, breve y conminatorio. «Vamos, vamos», dijo el doctor. Cerró la puerta de la calle y encendió la luz del rellano. Al fondo del corredor de la segunda planta había una puerta atrancada con una barra de acero que la cruzaba en ángulo. Descolgó la barra, procurando no hacer ruido y dejando el vaso en el suelo. Metió la llave y abrió la cerradura con la izquierda mientras con la derecha sostenía la hoja por el pomo. Tomó el vaso de agua donde había disuelto la pastilla y cuando empujó suavemente la hoja el aullido se hizo insolente, ronco y acechante.

—Vamos, vamos —dijo el doctor, empujando la puerta con el vaso en la mano.

XIX

AQUEL SÁBADO, a la salida del piso de la calle de Válgamedios, el capitán Medina decidió hacer noche en el
Cuatro Naciones para tomar el domingo el ordinario
de Bocentellas, donde le esperaría el Isotta con que
llegar al fuerte. Era la combinación que había utilizado
en numerosas ocasiones, sobre todo cuando en sus
primeros meses de destino había prodigado sus fines
de semana en Región, en busca de unas distracciones
—y tal vez una mujer— y unas amistades que nunca
cumplieron sus promesas.

El capitán no podía apartar de su cabeza la vuelta
al fuerte y el encuentro con Olvera. Fue una de las razones —tan importante como «el respeto a sí mismo»— que le impulsaron a restringir sus visitas al
Doria, a renunciar a sus vueltas de madrugada y a li-
mitar sus relaciones con la Chiqui a los fines de semana
en el piso de la calle de Válgamedios.

La propia Tacón lo urdió, anticipándose incluso a
sus aprensiones. El capitán nunca llegó a saber qué
clase de piso era aquél, para qué servía y quién lo habitaba a excepción de su patrona. Era un piso ático y
modesto, situado en la parte vieja de la ciudad, próximo al convento de las Clarisas, y del que sólo llegó

185

a conocer un saloncito (con una mesa camilla, unas sillas, un sofá-cama, un aparador donde se guardaban dos botellas —una de coñac y otra de anisete— y un velador con el retrato para la posteridad de un buen hombre de la tierra destinado desde su primera juventud a dejar un buen recuerdo) y un dormitorio (con una cama doble de metal cromado, cubierta con una gran colcha roja, un armario de luna, un vaso de noche y un crucifijo del que colgaba un rosario de huesos de aceitunas).

El capitán suponía que la patrona se ganaba la vida con el piso, con clientes que no serían muy diferentes de él ni lo utilizarían para fines muy distintos, pero nunca se encontró con compañías enojosas ni situaciones incómodas y vino a suponer que sus relaciones con la Chiqui, tan discretamente mantenidas, sólo eran conocidas por la Tacón y la patrona. La patrona, a quien dio un nombre supuesto, tampoco tenía por qué saber quién era él. A veces llegaba antes que la Chiqui y se veía obligado a departir con la patrona en el saloncito; le hablaba de su pueblo, en la provincia, de unas tierras que tenía, de un negocio de materiales.

El capitán vestía de paisano y antes de entrar en el portal de la calle de Válgamedios cruzó por delante para echar una mirada dentro, volvió sobre sus pasos y al llegar de nuevo a su altura giró y se coló de rondón. El capitán era tímido, temeroso de la más leve imputación y no se sentía con fuerzas para alterar el canon que se había impuesto.

En pocos días se le fue media paga en homenajes a la Chiqui y alguna que otra atención hacia la Tacón. El capitán era mirado para el dinero y contaba con unos pocos ahorros.

—Buenas tardes, señor Vázquez —dijo la patrona al abrirle la puerta—; pase usted, ya sabe el camino.

El piso era angosto y, a pesar de ser un ático, oscuro, situado en esa recoleta hiposfera del pecado donde no se permite la plena entrada de la luz; aislado de la calle y del exterior por patios, persianas, cañizos y exánimes cortinas que resguardaban y consumían el sonoro tictac de un recóndito reloj de cocina que en permanente exposición dictaba su arrítmica letanía, en un ámbito propio del espacio apartado de la vida del planeta y regido por el latido de la zafia divinidad, atiborrada de groserías. Un culto de fogón, bacinilla y cepillo había impregnado el templo con un aroma especial —como el olor de un peine—, combinación de un limitado número de moléculas orgánicas en una proporción inalterable, para la que el amor —menos que cualquier otra jerarquía— nunca podría reclamar una mayor participación de sus huestes, unido indisolublemente al neutro y exhausto claroscuro resultante de una desafortunada mezcla de barnices y espúreas tinturas. Nunca supo acomodarse al salón. Nunca quiso reconocer aquella sensación de rotura; el capitán no podía reprimir su temblor, por sutil más perceptible, que le obligaba a mantener en tensión todos sus miembros para tenerlos sujetos, como si el centro encargado de su equilibrio se hubiera negado a entrar en el piso y tuviera él —el yo sin alma, abandonado de su más íntimo y firme núcleo— que ocuparse de esa función, normalmente ejecutada por un anónimo y desconocido inferior siempre a sus órdenes. Sentado en el silloncito, era un cuerpo constituido de inquietos y vulnerables filamentos, en un envoltorio sin forma, arrojado a una corriente detenida, de incipientes formas vivas que habiendo optado por la metamorfosis hacia un elevado estado adulto hubieran sido arrancadas de su intermedio hábitat para ser llevadas a otro donde sus limitados movimientos no lograrían encontrar la salida hacia la supervivencia.

—Es una gran chica, señor Vázquez; qué buena chica —dijo la patrona. Sonó el timbre y la patrona fue a abrir. El capitán se levantó para espiar sus movimientos al fondo del pasillo. Abrió la puerta para que en el umbral asomase una mujer de edad similar y constitución semejante, sosteniendo una bolsa que entregó a la patrona que, a su vez, la dejó en el suelo, para tener las manos libres con vistas a la conversación de escalera.

En un momento el salón pareció amoratarse y la fotografía del último varón que pisó aquella casa con autoridad y decencia se transformó en un tímido espejo, en el involuntario símbolo de la tiranía del tictac que jamás le permitiría reflejar otra cosa que la nada en penumbra, en un mundo donde el reloj hubiera sustituido a toda masculinidad para consagrarse como indiscutido señor de su inextricable, huero y minuciosamente elaborado atardecer femenino. Por un momento perdió el sentido de su situación en aquel salón —inmerso en un instante cotidiano que podría prolongarse para siempre y engullirlo sin la menor extrañeza, dotado de una voracidad que no distinguiría hombres de cosas— como si hubiera llegado a él sin advertir un minúsculo error de trayectoria que no lograría situar. No tuvo un despertar porque ni siquiera fue un sueño. Recordaba tal vez una tercera voz y los pasos de la patrona hacia la cocina para hurgar en su monedero y volver a la puerta con unas monedas, cuyo tintineo hizo brotar del suelo del salón destellos de baratijas mientras en las paredes se mecían indolen-

188

temente los reflejos de una charca estancada. Más allá vio una poderosa sombra; una agigantada sombra de hombre que le acompañaba a escuchar de consuno el cuchicheo de las mujeres y lo seguía con ligeros movimientos de cabeza, como si se tratara de una partitura musical, para hacer más ostensible su sumisión al orden apocado y salvaje de la quimera.

Inmerso en una corriente detenida, quién podría saber a dónde era conducido, hacia una despectiva asamblea de cuerpos quietos y próximos dispuestos a acogerle en su seno, tras haber vencido una cierta repugnancia, y a aceptar el veredicto de una informe y lasciva entidad femenina enemiga de su hombría, interrumpido..., que con todo terminaría aceptando su ingreso en la larvada comunidad del vicio, bajo el dictado del tictac, interrumpido por la violenta luz del corredor, el inconfundible taconeo de unos pasos cortos y rápidos y la silueta de la muchacha en el umbral de la puerta del salón, con la cabeza ladeada por el peso de su bolso colgado de su hombro con una larga cadena, que oscilaba golpeando su cadera.

El Cuatro Naciones estaba desierto; detrás de su mostrador el conserje pasaba las hojas de una revista atrasada y la gata dormía en un sillón de mimbre; enfrente un parroquiano leía un periódico de la capital, también atrasado, que dejó caer cuando el capitán cruzó el vestíbulo.

—La llave de la once, por favor.

El conserje se irguió para alcanzar la llave y un sobre doblado y encajado en el casillero.

—Una nota para usted.

—¿Una nota para mí?

En aquel momento el capitán reparó en Fayón, que le observaba por encima de sus gafas, con la indulgente curiosidad engendrada a lo largo de una tarde solitaria.

—Perdón, no le había reconocido. Nos hemos visto hace poco pero he olvidado su nombre.

—Fayón; nos presentó hace días el doctor Sebastián. Venía usted de perseguir no sé qué prófugos.

Medina reprimió el mal recuerdo. Observó la escritura del sobre, que nada le dijo, pero no se decidió a abrirlo.

—¿Tuvo usted suerte al final, capitán?

El capitán Medina, adivinando en Fayón cierta reticencia, adoptó una actitud precavida y modesta.

—No se trata de suerte. Lo que me faltó fue olfato.

—¿Así que se le escaparon dos hombres? Lo oí comentar más tarde. Pero también he oído decir que es casi imposible que salgan de la comarca, si usted se propone lo contrario. Tiene fama de hombre muy capaz, capitán.

—Gracias, es usted muy amable; pero esta vez las cosas no han rodado bien y me temo que esa fama se puede venir abajo. Al menos en lo que respecta al caso.

—¿Ha abandonado usted sus pesquisas? —preguntó Fayón, al tiempo que se quitaba las gafas tal vez con intención de sujetar a su intelocutor para prolongar la conversación hasta la hora cercana a la cena—. ¿No se sienta usted?

Al capitán se le fue el ojo.

—Perdone ¿qué me decía? —preguntó el capitán, mirando el sobre y dándole vueltas.

—¿No quiere usted sentarse?

Medina permaneció de pie.

—Le preguntaba si ha cancelado usted el asunto o si continúa usted buscando a sus prófugos.

—Supongo que el asunto, como usted dice, ha salido

190

de mi competencia. O saldrá en el momento en que crucen los límites de la jurisdicción. Pero en tanto no se sepa de ellos mi obligación es seguir buscándolos por aquí. La orden no prescribe.

—Capitán —preguntó Fayón— ¿qué ocurre en un caso así?

El capitán tardó en responder.

—No ocurre nada.

Fayón dejó sus gafas sobre el asiento vecino y abrió los brazos antes de preguntar.

—¿Nada?

El capitán retrocedió un paso.

—Perdone; si no le importa... Quizá nos veamos luego. ¿Para usted aquí? Nos veremos más tarde.

Nada más cerrar la puerta el capitán se despojó de la americana y la corbata. Dejó el sobre en la mesilla de noche y antes de abrirlo llenó el vaso con agua del grifo del lavabo. Tenía la sed justa de un vaso pero su comezón no conocía medida; salvo la Chiqui nada en particular le preocupaba pero todo le inquietaba. La corriente se podía poner en movimiento de un momento a otro, para arrastrarle, y sólo sabía que no podía dejarse llevar. Pero tal vez era él mismo quien la había movilizado. Pensó en el fuerte y en sus hombres y, con un presentimiento, les vio también iniciar un movimiento muy lento pero inexorable. El mismo de la habitación, de la fonda que asomaba en la ventana, de la cordillera que asomaba tras la fronda. Abrió el sobre y en una cuartilla doblada por la mitad y escrita a lápiz con grandes y no esmerados caracteres mayúsculos, leyó: «Ay, capitán Medina; ay, señor Vázquez.»

El capitán se pasó la mano por la frente y bebió de un golpe el vaso de agua.

XX

—¿QUÉ VA A SER? —preguntó el cojo.

—Yo no quiero nada —dijo Amaro—. ¿Tú quieres algo?

—Ponme un café solo —dijo Amaro hijo.

—Café no hay. No está encendida la máquina.

—Entonces dame una copa de coñac —dijo Amaro hijo—. De ese que tienes ahí —y señaló una botella de Fundador.

El cojo sirvió la copa y se quedó frente a ellos con ambas manos apoyadas en el borde del mostrador.

—¿Está tu patrona?

—Estar, está —dijo el cojo.

—Pues vete y dile a tu patrona que la quiero ver.

—No son horas —dijo el cojo.

—No me has entendido. Te digo que vayas a decirla que la quiero ver.

—Y yo te digo que no son horas.

—Que no son horas, ¿de qué?

—De molestar a la patrona.

Amaro hijo se echó al cuerpo la copa de un golpe.

—¿Quién habla aquí de molestar? —preguntó.

—Lo digo yo —dijo el cojo.

—Tú lo dices todo —dijo Amaro hijo.

193

—Lo que yo digo es que tengo órdenes de no molestarla a estas horas. ¿Está claro?

—Anda, dame otra copa de lo mismo —pidió Amaro hijo.

El cojo sirvió la copa.

—¿A qué hora se la puede ver? —preguntó Amaro.

—Más tarde.

—He preguntado a qué hora, tú —dijo Amaro.

—A eso de las seis estará por aquí. A esa hora suele pasar casi todos los días por aquí.

Amaro recapacitó, torció el labio inferior y miró al cojo que no pestañeó.

—Tómate eso —dijo Amaro a su hijo y dio media vuelta. Amaro hijo se tomó la segunda copa de un trago y puso una moneda en el mostrador.

—Cóbrate.

Amaro recapacitó de nuevo, dio otra media vuelta y se encaró con el cojo que fregaba un vaso.

—Se trata de Barceló. Ahora ya sabes de qué se trata. De tu amigo Barceló.

El cojo dejó las vueltas sobre el mostrador, unas monedas húmedas.

—¿Y qué? Ya le he dicho que a las seis estará aquí. Entonces habla usted de todo lo que quiera con ella.

—A las seis, ¿eh? ¿Y si a las seis no me da la gana venir?

—Usted sabrá lo que hace.

—¿Y tú sabrás decirla que ha estado aquí Amaro para hablar de Barceló? Pero tú no la has querido molestar. ¿Se lo dirás así, como suena? —preguntó su hijo.

El cojo optó por no contestar y se secó las manos con un paño.

—Se lo dirás así, ¿eh? —dijo Amaro.

El cojo descolgó su reloj de pulsera de la escarpia de la estantería, lo consultó y se lo encajó haciendo girar la muñeca con el puño cerrado.

—Puede que en media hora esté aquí —dijo el cojo, al tiempo que salía del mostrador para pasar el paño a los dos veladores.

Las cadenetas se agitaron y en el extremo del mostrador apareció la Tacón, con un bloc y un lápiz con contera en la mano, y las gafas en la punta de la nariz.

—¿Qué pasa con Barceló? —preguntó la Tacón sin conceder importancia a su pregunta, dándoles la espalda y revisando de un vistazo las existencias de la estantería. Tomó un par de botellas y alzándolas una a una sobre sus ojos consideró sus contenidos—. ¿A qué viene toda esta historia?

Amaro no contestó, en espera de hablar cara a cara. La Tacón se volvió, con una botella sujeta por su cuello, y le observó por encima de sus gafas.

—Pero vamos a ver, ¿qué es todo esto?

Amaro hizo un gesto con la cabeza señalando al cojo. La Tacón reanudó su faena y escribió unas notas en la hoja que arrancó del bloc y dejó encima del mostrador.

—¿No quieren tomar nada? —preguntó.

Los dos hicieron no con la cabeza.

—Tú —dijo Amaro.

Amaro hijo puso su palma sobre la copa vacía. La Tacón alargó la hoja al cojo.

—Vete por eso. Y vete dejándolo en la puerta de atrás. Ya lo meterás luego.

El cojo salió. Sin hacer caso de su gesto la Tacón rellenó de nuevo la copa de Amaro hijo con el mismo coñac.

—¿Qué pasa con Luis? —preguntó. Se quitó las gafas y repitió la pregunta.

—¿Dónde está? —preguntó Amaro.

—Ja —la Tacón hizo una mueca soez con la boca—. Lo primero que hace Luis al salir del terno es pasarse por aquí para decirme dónde vive. Y lo segundo decirme: a todo el que venga preguntando por mí le das mis señas. Y así nos va. Sí, hombre.

Amaro no esperaba algo muy diferente.

—No me importa dónde se meta. Me da lo mismo. Pero las cuentas han de quedar claras. Aquí hay que pagar; y pagar hasta el final, hasta que las cuentas queden claras.

—¿Qué cuentas?

—La cuenta del taxi —dijo Amaro hijo.

La Tacón le observó por primera vez, con la boca abierta y la lengua ladeada y deprimida, para tocar una muela inferior.

—Ya. ¿Y a mí qué me viene con eso?

—A usted y a todos. Ya me entiende —dijo Amaro.

—¿Es que no le pagaron ya?

—Aún falta por cobrar —dijo Amaro hijo.

—Lo más importante —dijo Amaro.

—Pero vamos a ver, ¿quién hizo el trato? —preguntó la Tacón—. ¿Por qué no se dirige usted a la persona con quien hizo el trato?

—Porque yo me dirijo a usted, usted se dirige a él y él se dirige a mí. ¿Está claro?

—¿Y qué tengo yo que ver con todo eso? ¿Por qué no se dirige usted a él directamente?

—Porque no. Ya lo he dicho. Usted se dirige a Peris y Peris que se dirija a mí.

—¿Y qué tengo que ver yo con Peris, joder? ¿Es que soy yo la criada de Peris? Anda y que se vaya a la mierda, el malnacido ese, joder. ¿Qué coño se me ha perdido a mí con Peris?

—Lo dicho; usted se dirige a Peris y Peris que se dirija a mí.

—¿Y si no me da la gana, joder? Pero bueno, ¿quién se ha creído usted que es, para venirme con esas?

—Si no le da la gana hacerlo será peor para Peris, para usted, para Barceló y también para nosotros —dijo Amaro.

—Podemos salir todos perjudicados —dijo Amaro hijo. Tomó su copa, esta vez más despacio.

—Así que el sábado, a las doce, en Casa Zúñiga. Que no venga con cuentos. Tiene que traer el doble que la otra vez. Ya lo sabe, el doble. El sábado, a las doce, en Casa Zúñiga.

—Él ya sabe dónde está —dijo Amaro hijo.

La Tacón miró a los dos hombres y pasó el paño por un mostrador que no tenía la menor necesidad de esa operación; pronto del elíptico trazo húmedo sólo quedaron desigualmente distribuidas unas alargadas y aisladas manchas de agua que, como ciertas ruinas paleolíticas, sólo conservaban el enigma de una ordenación original desaparecida y no reconstruible.

XXI

AMARO HIJO llegó un par de horas antes del mediodía. Trepó por el camino de la loma y tras la primera revuelta tomó por una senda de carro para dejar el coche escondido entre las carrascas.

Alrededor de la Casa Zúñiga no había nadie. Entró en el zaguán para echarse un vaso de agua al cuerpo. Hasta el zaguán llegaba el murmullo de una conversación de mujeres que en una habitación de arriba hablaban sin parar, que llevaban hablando desde el origen de los tiempos, que no cesarían de hablar al final de los tiempos, que hablaban para cumplir la maldición de una especie seducida y administrada por el demonio.

Amaro hijo eligió para la espera un punto que dominaba la carretera y el paso de sirga. Antes de las once llegó su padre, en compañía del peón, sin mula ni perro. Los dos traían escopeta y Amaro además un hatillo.

—¿Nada? —preguntó Amaro.

—Por ahora nada —respondió su hijo.

—¿Has pasado por el Doria?

—Era muy temprano; estaba todo cerrado —respondió el hijo.

—¿El capitán? —preguntó Amaro.

Amaro hijo hizo un gesto con los labios para indicar que nada sabía.

—Ayer noche estaba en el hotel. Suele llegar los sábados a mediodía.

Esperaron exactamente hasta las tres, como había previsto. A esa hora Amaro consultó el reloj, se internó en el zaguán para echar un trago de agua y salió transfigurado, con una chaqueta de pana de color de mies, una camisa blanca y una corbata negra. En la derecha llevaba el hatillo, del mismo tamaño que antes.

—Vamos —dijo.

Su hijo se internó en la loma a buscar el coche. En el maletero guardaron las escopetas y el hatillo y Amaro se subió al asiento junto al conductor.

—Jefe... —dijo el peón con la portezuela entreabierta.

—Te callas —contestó Amaro, cerrando la suya de un golpe demasiado enérgico para el gusto de su hijo—. Vamos.

Algo antes de las seis llegaron a Región y antes de entrar en el puente, Amaro hijo detuvo el coche y el peón se bajó.

—¿Pasamos antes por el hotel? —preguntó el hijo.

—Será mejor —dijo su padre.

Antes de parar delante del hotel, Amaro sacó el sobre del bolsillo. Lo contempló por ambas caras a la distancia de su brazo y se lo entregó a su hijo.

—Ya sabes. Sólo si no te dicen nada. Pero entérate bien si ha llegado.

Al salir del hotel y desde la acera Amaro hijo hizo un breve gesto afirmativo hacia su padre. Al poner el coche en marcha, dijo:

—Ha salido hace cosa de media hora. Tuve que dejar el sobre al conserje.

El coche se detuvo delante del convento de las Clarisas. Amaro descendió y recorrió de punta a punta toda la calle de Válgamedios y a la vuelta se detuvo a inspeccionar el portal número 11. Luego, desde el extremo de la plaza observó aquel ático, con dos balcones con tiestos de geranios y persianas verdes caídas por encima de las barandillas.

—Creo que tenemos tiempo de sobra —dijo el hijo—. Podíamos tomar un bocadillo. Ahí a la vuelta hay un bar.

—Ve tú —dijo Amaro.

Cuando salió el capitán, era todavía de día. El capitán cruzó la calle, miró a ambos lados, se detuvo un momento ante el escaparate de una cacharrería, con la displicencia de un paseante solitario, y desapareció en la esquina de la plaza. Entonces Amaro hijo, conduciendo muy despacio, aparcó el coche en la misma plaza, un poco más adelante, bajo las acacias.

Cuando salió la muchacha, como un cuarto de hora después, Amaro la esperaba en la esquina. Al pasar frente a él Amaro dio un paso adelante y le dijo algo pero la muchacha le esquivó, adelantando el hombro y mirándole de refilón al tiempo que aligeraba el paso y se distanciaba hasta pisar el bordillo. Pero Amaro debió añadir algo más contundente porque la muchacha se detuvo, giró la cabeza y le miró, forzando una silueta provocativa. Entonces Amaro, con calma, se acercó a ella y sacando algo del bolsillo de la chaqueta se lo enseñó. La muchacha le miró de pies a cabeza y dijo algo. Luego consultó el reloj; Amaro hizo lo mismo. Cambiaron unas pocas palabras y la muchacha señaló el piso ático. Amaro, con su reloj de bolsillo en la palma de la mano, hizo un gesto vago y a su vez señaló el taxi de su hijo, aparcado bajo las acacias de la plaza.

La muchacha, con sus tacones, sobrepasaba algo la estatura de Amaro; vestía una falda negra muy ceñida que dejaba ver sus rodillas, una blusa escarlata y alrededor de la cintura se había anudado un pañuelo blanco cuyas puntas caían sobre su cadera izquierda. Del hombro con una larga cadena dorada colgaba un bolso de charol. La cogió del brazo izquierdo y la llevó hasta el taxi.

—¿Está libre? —preguntó a su hijo.

El taxista abrió la puerta de atrás y la muchacha se acomodó en el asiento posterior izquierdo mientras Amaro le daba una dirección.

Al salir del puente de Aragón —ya estaba anocheciendo— y pasados los Talleres Recio, el taxi se detuvo junto a la tapia; el peón se metió en el asiento de atrás empujando a la muchacha al centro. La muchacha dio un grito y recibió una bofetada.

Cuando llegaron a Casa Zúñiga era más de medianoche. Amaro y el peón descendieron bajo los olmos mientras el hijo aparcaba el coche en el lugar que había elegido aquella misma mañana. Cada uno la sujetaba de un brazo y Amaro, con su derecha, le tapaba la boca. La muchacha no ofrecía otra resistencia que la provocada por el cuidado de sus pisadas pues iba descalza. La noche estaba oscura y en la casa no había una luz pero en torno al piso alto, como una imperfecta sobreimpresión, flotaba el eco de una conversación ni siquiera totalmente interrumpida por el sueño. Amaro hijo desató la cadena del esquife y los cuatro subieron a él. La muchacha temblaba y cuando Amaro, al tocar el esquife la otra orilla, levantó la mano de su boca se diría que había sintonizado con una emisión de breves y monótonos sonidos, algo así como un teléfono comunicando. Amaro encendió su linterna y sacó a la muchacha del esquife tirando de su brazo. Con el haz de luz Amaro señaló el camino y entonces la muchacha elevó el tono de sus sonidos, sin alterar su duración ni su frecuencia. Amaro le dio un cachete, menos fuerte que el anterior.

—Te callas —dijo Amaro.

La muchacha bajó el tono de sus sonidos pero no los apagó. El peón llevaba sus zapatos colgados de dos dedos.

Toda la sierra estaba silbando en torno a la casa de Amaro cuando llegaron, bien entrada la madrugada. Desde lejos el perro los había saludado con sus series de tres ladridos y cuando enfilaron el camino llegó corriendo para enredarse entre las piernas de Amaro y ladrar a la muchacha. La puerta de la cocina se iluminó y en el marco se silueteó la mujer del peón.

—Vete a dormir. No tienes nada que hacer a estas horas —dijo Amaro—. Vamos, vete a dormir.

La mujer dirigió a la Chiqui una mirada muy larga y no dio media vuelta hasta que desaparecieron tras la esquina, hacia la bodega. Amaro encendió un sebo y apagó la linterna. La muchacha estaba desencajada; alrededor de su boca se había corrido todo el rouge, desvanecido como el borrón que eliminará un trazo pobremente ejecutado; estaba despeinada, su blusa caía por encima de la falda, que se había descosido, había perdido el pañuelo de la cintura y una gota de sangre había formado un reguero encima del tobillo.

—Ahí —dijo Amaro, señalando el montón de paja.

La Chiqui ya no emitía ningún sonido pero había perdido el poder de moverse.

—Ahí, te digo —repitió Amaro y le dio un empujón en el hombro hacia el montón de paja. La muchacha dio tres pasos hacia atrás pero no cayó al suelo. Su mirada estaba fija, estúpidamente colocada en el vacío del instante, despojada de toda voluntad y convertida en ese inanimado cuerpo articulado que exige durante la prueba la modista para poder trabajar a su entera libertad.

—¿Me dejas? —preguntó Amaro hijo, desde la puerta. Detrás de él estaba el peón.

Amaro se volvió. Su hijo levantó la barbilla. El perro ladró en la era.

Amaro se retiró y su hijo ocupó su puesto.

—Haz lo que quieras —dijo Amaro.

Su hijo la cogió por los hombros y la tumbó en el montón de paja. En un momento le quitó la blusa. El peón obstruía la puerta.

—Jefe —dijo el peón.

—Haz lo que quieras —repitió Amaro. Cuando se volvió su hijo estaba encima de la Chiqui de la que sólo veía sus largas piernas, las plantas de sus pies sucias de tierra y una mano sobre la paja, inmóvil y afilada como la de una talla. El peón tropezó con él en el umbral y, por una vez, Amaro le dejó pasar.

—A ver si la dejáis bien embarazada. Entre los dos la dejáis bien jodida y embarazada. Luego, echad el candado.

La mujer del peón estaba sentada en la cocina.

—¿Qué haces aquí a estas horas, mujer? ¿No te he dicho que te fueras a la cama? —preguntó Amaro.

—Te he recalentado algo de cena, Amaro. ¿Habéis comido algo?

La mujer le sirvió un potaje que Amaro comió de prisa, sin levantar la barbilla del plato hasta la última cucharada.

—¿Para qué la has traído? —preguntó la mujer,

cuando retiró el plato—. En buen lío nos has metido. No pararán hasta encontrarla.

Amaro acercó la caja de tabaco.

—Cállate, mujer. Yo sé lo que me hago —dijo.

—Te van a matar, Amaro. Nos matarán a todos. De ésta no salimos —dijo la mujer.

—Te digo que te calles.

La mujer se asomó a la puerta.

—Y ésos, ¿qué hacen? ¿Es que se van a tirar a esa tía guarra? ¿Para eso la has traído aquí?

—Te digo que te calles.

—Nos van a matar a todos —dijo la mujer—. A ti el primero. Mañana estarán aquí. ¿Por qué te tenías que meter en esto?

Amaro no contestó. La mujer fue de nuevo hacia la puerta y dio unos pasos fuera para escudriñar en la oscuridad.

—Pero ¿qué hacen ésos? ¿por qué no vienen? ¿Es que se van a tirar a esa marrana? —dijo al entrar.

—Si no se la han tirado ya.

La mujer dejó caer el plato y la cuchara en la pila.

—¡Mierda de vida, joder! Trabaja todo el día para esto.

La mujer se encaró con Amaro.

—¿Y tú? ¿También te la vas a tirar tú?

—Yo mañana —dijo Amaro.

XXII

EL LUNES POR LA MAÑANA la Tacón tomó el ordinario y a eso del mediodía ya estaba en el piso de la calle de Válgamedios para inquirir por la Chiqui. Se había propuesto no perder la calma y no dejar que se adivinara su desaparición. Con todo, la patrona del piso quedó sorprendida y alarmada por su visita, tras decirle lo poco que sabía: que la Chiqui había abandonado el piso, como era habitual, entre las ocho y nueve del sábado; que el capitán se había ido un cuarto de hora antes.

En el Cuatro Naciones el conserje le informó acerca del capitán: como era habitual, había salido del hotel por la mañana, tras abonar su cuenta. De la Chiqui no sabían nada; nadie la había visto.

Desde la centralita de Teléfonos la Tacón llamó a Madrid pero en su primer intento no pudo hablar con el señor Peris, por no hallarse en su despacho. Habló con su secretario quien le informó que el señor Peris, por hallarse fuera de Madrid por cuestión de negocios, no llegaría a su despacho hasta última hora de la tarde. No quiso dar más detalles y tan sólo le encomendó que el señor Peris la llamara al Hotel Cuatro Naciones a la mayor brevedad posible.

La Tacón tomó una habitación en el hotel y se hizo servir en ella un poco de fiambre y vino. A las cuatro bajó al vestíbulo para llamar al despacho del señor Peris con tan poca fortuna que en media hora no logró encontrar un hueco en un número que comunicaba constantemente. El señor Fayón leía el periódico, sin mucho interés, y entre paseo y paseo a la cabina cambiaron unas pocas palabras. Fayón le preguntó por su joven acompañante de otras veces e incluso por el capitán, con quien la había visto en uno de sus primeros —y menos discretos— fines de semana en Región. La Tacón respondió evasivamente y pasaron a hablar del tiempo, del pueblo y del inminente verano pero a Fayón no le pudo pasar inadvertido el estado de nervios en que se encontraba la mujer. Se veía que no había descansado; contra lo usual en ella llevaba el pelo desarreglado y sujeto con unas cuantas horquillas —sus raíces sin teñir parecían haber acelerado su crecimiento para colaborar en el desorden general—, no estaba maquillada y su cara padecía esa hinchazón hiperémica provocada por la falta del sueño y el abuso del tabaco.

Sólo logró hablar con el secretario que le dijo lo mismo que le había dicho por la mañana.

Al fin a eso de las ocho consiguió hablar con Peris. Peris en un principio no concedió importancia al asunto y, tras asegurarse de que podían hablar con toda tranquilidad, trató de convencerla de que Barceló (llamándole «Luis» o «nuestro hombre») no estaba metido en eso; no iba a ser tan imprudente de volver a Región aunque fuera por la Chiqui. En uno de aquellos momentos de la conversación, volvió a entrar Fayón para tomar su copa de tarde; se sentó en un sillón cercano a la cabina pero la Tacón, no sabiendo si sería oída, no cambió de tono de voz para no levantar los recelos de Peris y le apremió a que encontrara a Barceló, con Chiqui o sin Chiqui, para ponerse en contacto con ella. La Tacón le dio el nombre de la patrona y las señas de la calle Válgamedios; el señor Peris replicó con algo parecido a «Veré lo que se puede hacer» y ahí terminó la conversación de cuya última parte, y en lo que correspondía a la Tacón, Fayón no perdió una palabra.

La Tacón decidió hacer noche en el hotel para volver a llamar al día siguiente y pensar con calma el plan a seguir. La Tacón sabía dosificar a su manera sus momentos de arrebato con sesiones dedicadas a la planificación. Hasta entonces sólo se le ocurrieron tres hipótesis: que se la hubiera llevado Barceló, que la hubiera retirado el capitán o que se hubiera largado por sí misma. A la tercera era a la que concedía menos crédito, acaso porque considerara que la Chiqui no tenía —todavía— suficientes arrestos para hacer una cosa así; ni arrestos, ni dinero, ni relaciones. La primera era la que más temía y, aunque no se lo quisiera confesar abiertamente, la que gozaba de mayor verosimilitud; quedarse sin Barceló y sin Chiqui no sólo era un triple golpe —que no sabía si era capaz de soportar— sino algo contra lo que no veía modo de luchar... sino mediante el arrebato. Y en cuanto a la segunda, era en cierto modo la que le consolaba e, incluso, le hacía algo de gracia. No la temía, no le producía siquiera inquietud. Sospechaba que de haber ocurrido así pronto estaría todo de nuevo bajo su control y —es más— hasta se podría recompensar con alguna que otra estimulante venganza. El capitán, el capitán... estaba listo, si había hecho algo parecido. Por todo ello, era esa segunda posibilidad la que con más cariño alimentaba y ya estaba en vías de hacer maquinaciones concretas dirigidas hacia el capitán cuando a la mañana del martes —tras una noche en que no pegó ojo pero en que tampoco se sintió tan desolada como en la anterior, gracias al sosiego que procuran los primeros bocetos del cuadro de una venganza— metió el dedo en el disco para marcar el número de la centralita que había de ponerle la conferencia con el despacho del señor Peris.

Sólo entonces —con el índice en el agujero del 0— se acordó de Amaro y de su hijo. La desaparición de la Chiqui los había borrado de tal manera que ni siquiera al hablar con Peris, el día antes, se había acordado de ellos.

En aquella ocasión encontró a Peris a la primera. Se le antojó nervioso, incómodo por una llamada tan a seguido de la otra. No tenía nada nuevo que decir; sencillamente, estaba pensando en el asunto y cuando tuviera algo decidido ya enviaría noticias; por el momento no podía decir dónde estaba Barceló. Pero la Tacón le cortó, le calmó y le alarmó, todo ello a seguido y con pocas frases. Le preguntó qué pasaba con Amaro; con Amaro —le vino a decir Peris— estaba todo zanjado; la Tacón le contó con breves palabras la entrevista, las deudas que quedaban por saldar, las amenazas; no quedaban deudas por saldar —le dijo Peris—, había pagado escrupulosamente lo convenido, estaba todo zanjado; la Tacón insistió; el otro empezó a sospechar un chantaje. Y cuando colgó la Tacón se quedó consolada con la idea de que al menos había conseguido inquietar a Peris, que se tomaría en el asunto un mayor interés que el que había demostrado el día antes y que pronto comenzaría a actuar, aunque sólo fuera para cercenar una posibilidad de chantaje.

Tal confianza le llevó a la Tacón a desdeñar el rapto

de la Chiqui por Amaro como una cuarta hipótesis en paridad con las otras tres. En última instancia era una hipótesis que estaba a la altura de la segunda pero no a la de la primera. Amaro no le daba demasiado miedo. Podría con él. Reconocía que, por su aspecto, tenía carácter y era bragado pero después de todo sólo era un paisano. La Tacón despreciaba a los paisanos. Por muy paisanos que fueran nunca podrían competir con uno de sus hombres. En nada.

Después de pasar nuevamente por el piso de la calle Válgamedios para instruir a la patrona sobre lo que debía hacer en caso de que de Madrid llegara alguien o algo para ella, la Tacón —bastante cansada— decidió volver en taxi al Doria. En la plaza había tres coches: el de Caldús, el de Amaro hijo y un tercero.

La Tacón lo pensó y se decidió por el taxi de Amaro hijo, a pesar de que estaba en segunda posición, lo que le obligó a dar unas explicaciones a Caldús, que no le dejaron convencido. «Al hotel», le dijo secamente.

En el vestíbulo del hotel, Fayón leía un periódico sin mucho interés. Le saludó, le dijo que se marchaba de nuevo, que volvería en unos pocos días, que tendría mucho gusto en cenar con él, uno de esos días; Fayón la acompañó hasta la puerta del hotel, con el periódico en la mano.

Ya en el campo, pasados los Talleres Recio, inició la conversación con el taxista.

—Ya le puede decir a su padre que he hecho todo lo que quería. Hoy mismo he hablado con Madrid para el asunto de esa deuda.

—¿Hoy? ¿No habíamos quedado que el sábado pasado tenían que estar en Casa Zúñiga? —preguntó Amaro hijo, echando un poco para atrás la vista, no para ver sino para hablar.

—No ha podido ser antes. El señor Peris ha estado toda la semana fuera —la Tacón se echó para adelante y golpeó con el índice el hombro del taxista, repetidas veces—. Pero me ha dicho Peris que todas las cuentas están saldadas. Que ha pagado hasta el último céntimo.

—No es eso lo que dice mi padre.

La Tacón se recostó en el asiento, encendió un cigarrillo y lanzó una larga y ostensible bocanada.

—Pues a ver si se ponen ustedes de acuerdo y a mí me dejan en paz, ¿eh? Se lo dice usted a su padre. Que a mí me dejan en paz.

—No tienen más que pagar —dijo Amaro hijo.

—De todas maneras —dijo la Tacón—, me ha dicho que investigará sobre el asunto.

—No hay nada que investigar —fue la respuesta—; hay que pagar.

—El señor Peris ya sabrá lo que tiene que hacer —dijo la Tacón, queriendo revestir sus palabras con un toque de amenaza.

—Ya lo creo que lo sabe; tiene que pagar —movió un poco el retrovisor y vio que la Tacón torcía la boca y miraba al cielo a través del cristal, con gesto de enojo.

—Ya he dicho todo lo que tenía que decir. Dígaselo ahora a su padre —dijo la Tacón.

La Tacón se quedó dormida para despertar a pocos kilómetros del Doria. Al enfilar la recta del cruce vio el camión que bajaba por el camino de San Mamud, dejando atrás una nube de colorete. Al cruzarse, Amaro se arrimó a la cuneta y detuvo su coche. En la cabina del camión, junto al conductor, viajaba el capitán. En la caja iban tres o cuatro soldados, con el mono cuartelero, que se asomaron a mirar y dieron unas voces. Uno agitó una botella cogida por el cuello.

212

—Vamos al fuerte —dijo la Tacón.

El taxista se volvió del todo, colocando el brazo sobre el respaldo.

—¿Al fuerte? ¿No vamos al Doria?

—He dicho al fuerte —dijo la Tacón.

Amaro hijo no replicó y arrancó en dirección al fuerte. Al poco se detuvo nuevamente para subir los cristales por el mucho polvo que entraba. Empezaba el calor fuerte.

Se detuvo frente al portalón; la Tacón descendió del coche y por primera vez, acaso por negligencia o quién sabe si intencionadamente, tuteó al taxista:

—Espérame aquí —dijo.

Bajo el arco aguardó la llegada del cabo de guardia.

—Quiero ver al coronel Olvera —dijo la Tacón.

El cabo de guardia la invitó a pasar al cuerpo de guardia, donde había un porchecillo con sombra, banco y botijo, y envió a buscar al sargento de guardia.

XXIII

EL RUBIO LLEGÓ A REGIÓN, acompañado de otro, a mediados de aquella semana, con instrucciones muy concretas del señor Peris. Lo importante era cerrar la boca de Amaro, cerrarla definitivamente. Llevaba encima una suma de dinero —mayor que la que había recibido Amaro por su contribución a la fuga de Barceló— que entregaría sólo a cambio de un pagaré. De ser satisfactoria la solución, la entrega debería acompañarse de la advertencia correspondiente para que Amaro no intentara concebir la veleidad de repetir el truco. En el caso en que Amaro no considerara la cantidad satisfactoria, también el rubio y el otro tenían instrucciones para cerrarle la boca, con carácter definitivo.

Las instrucciones eran concretas pero las ideas del rubio para llevarlas a efecto no lo eran tanto. En modo alguno quería verse delante de Amaro en su terreno; el señor Peris nada sabía de lo que había ocurrido el último día en casa de Amaro y acaso Barceló tampoco.

Aparte de todo eso, el señor Peris había aconsejado que, de paso, le echara una mano a la Tacón y tratara de localizar a la Chiqui, sin demorarse mucho en ello, tan sólo lo suficiente para que la mujer se tranquilizara y le dejara en paz. El rubio creyó entender lo que quería decir el señor Peris al respecto y decidió que, a ser posible, mataría los dos pájaros de un tiro. El dinero lo llevaba el otro.

Lo primero que hizo el rubio fue conectar con la Tacón a través de la patrona de la calle de Válgamedios. Al día siguiente estaban en el Doria. Encontraron a la Tacón de un humor de perros porque en lo que llevaba de semana no había logrado saber nada de la Chiqui. Ni Amaro ni el coronel habían asomado por allí y Barceló no daba señales de vida; a cambio, el señor Peris le enviaba dos desconocidos, con aspecto de poca cosa.

El rubio quiso sacudirse la compañía del otro, pero no lo logró. También el otro era portador de instrucciones muy concretas del señor Peris.

La Tacón les recibió en su cuarto de estar, balanceándose lentamente en la mecedora y abanicándose el pecho. Estaba muy sofocada. No les ofreció una copa.

—Tú a lo tuyo, chaval, y yo a lo mío —dijo la Tacón.

Ni el rubio ni el otro mencionaron la cantidad de dinero con que contaban.

—Tú te encargas de aflojar la pasta a Amaro para que suelte a la chica.

—¿Y si no la tiene?

—Si no la tiene, no hay pasta.

—¿Y si se va de la muy?

—¡Se va a ir de la muy! ¿Para qué? ¿Para que lo encalomen? Tú no sabes lo que es un paisano, chaval. Tienen más miedo que vergüenza. ¿Y qué puede pasar? A mí nada; a ti, si te he visto no me acuerdo. A Barceló ya me dirás. ¿Y a Peris? ¡Bueno! El único perjudicado sería el propio Amaro.

—Según eso, ya nos podemos largar. No tenemos nada que hacer aquí —dijo el otro.

—¿Y qué le dices de vuelta al señor Peris? ¿Que es lila? —preguntó el rubio.

—Lo que tenéis que hacer es encontrar a la Chiqui y dejaros de hostias —dijo la Tacón.

—Deberías encargarte tú, Tacón.

—¿Yo? ¿Por qué yo?

—Es lo más sencillo y natural —dijo el rubio—. Al fin y al cabo es a ti a quien te quitó la chica. Tú le llamas y le dices: Amaro, he recibido el dinero. Tú me entregas a la chica y yo te entrego el dinero. Ni intermediarios ni nada. Es lo más sencillo.

La Tacón recapacitó.

—¿Y si no la tiene?

—Tú lo has dicho antes; si no la tiene no hay pasta. Pero me apuesto lo que sea a que se las arreglará para entregártela a cambio de la pasta. Ese tío tiene codicia. ¿No ves que todo lo hace por dinero?

El otro permanecía callado pero con su silencio refrendaba la proposición. La Tacón se resistía.

—Él me dijo que quería ver a Peris. Que Peris tenía que ir a verle. Lo único que me encargó es que Peris fuera a verle.

—Joder, yo también quiero que Peris venga a verme. Y a poder ser con el talonario en la mano, no te jode.

El otro terció:

—En ningún caso el señor Peris volverá por aquí. Lo puedo asegurar.

—Pues su representante, o lo que sea —replicó la Tacón.

El rubio amainó.

—Piénsalo, Tacón, lo más lógico es lo que te estamos diciendo. Tú le citas aquí y le dices que tienes la pasta, dispuesta a aflojarla a cambio de la Chiqui. Y asunto terminado.

—No creo que quiera venir por aquí. Esas gentes no se fían de nadie.

Otra vez saltó el rubio:

—¡Pero, joder, no vino ya una vez! Y con amenazas. A una casa con tres mujeres y un cojo. ¿Por qué no va a querer venir aquí? ¿Es que no ha venido otras veces?

—Además —dijo la Tacón—, no quiero líos en mi casa. Bastantes problemas tengo ya.

—¿Ah, sí? ¿Y dónde empezaron los líos, si puede saberse? ¿Quién se plantó aquí, quién dijo a Peris que había una manera de sacarlo, quién fue la primera que habló del asunto Chaflán? —preguntó el otro, a un punto de perder la calma.

La Tacón calló. El rubio reanudó el ataque.

—No lo pienses más, está bien claro. Si quieres recuperar a la Chiqui, tienes que hacer lo que te decimos. Mujer, es lo más sencillo.

—Y lo más rápido —dijo el otro.

—Mañana puede estar la Chiqui aquí —dijo el rubio.

La Tacón hizo una larga pausa mientras daba vueltas al cigarrillo no encendido. Lo encajó por fin en la boquilla, lo encendió, expulsó una larga bocanada y con golpes nerviosos y rápidos desprendió la escasa ceniza de la punta sobre el cenicero.

—De acuerdo.

—De acuerdo, ¿eh?

—Sí, de acuerdo, de acuerdo. ¿Dónde está el dinero?

—Lo guardaré yo hasta el momento de la entrega —dijo el otro—. Son las instrucciones que tengo.

—¿Cuánto es? —preguntó la Tacón.

—Más de lo que recibió antes.

—¿Cuánto? —insistió la Tacón.

—Hasta cincuenta.

El rubio miró al otro con cierta sorpresa.

—¿Cincuenta? Es demasiado —dijo la Tacón—. Habrá que empezar por ofrecer menos.

—Lo importante es liquidar el asunto definitivamente —dijo el otro.

Tras haber sido doblegada, la Tacón recuperó la iniciativa.

—Venga la pasta.

El otro se resistió.

—No son esas mis instrucciones. Además, no la llevo encima.

—A la mierda con tus instrucciones —dijo la Tacón—, díselo de mi parte a Peris. Si quieres que llame a Amaro ya puedes ir aflojando la pasta.

El otro quedó suspenso y el rubio le hizo un gesto conminatorio con la barbilla. El otro sacó del bolsillo interior de su chaqueta un grueso sobre, sujeto con una tira de goma cruzada, que dejó sobre la mesa camilla. La Tacón se levantó, lo cogió, lo sopesó y se lo llevó a su dormitorio. Cuando reapareció le dijo el rubio, al tiempo que señalaba una cuartilla doblada, encima de la mesa:

—Que no te olvides de que te firme el pagaré.

—El pagaré. Valiente pagaré —dijo la Tacón.

De pie encendió otro cigarrillo; se arregló el escote, rehízo el nudo del cinturón de la bata. Una vez aceptada su misión, nada le gustaba más que poder volver a dar órdenes. Se la veía confiada, casi satisfecha.

—Os vais ahora mismo. Esta misma tarde le dices a Amaro, el del taxi, que mañana espero aquí a su padre con la Chiqui. No le digas de cuánto se trata. De eso me encargo yo. Y si sobra algo, ya veremos, ¿entendido?

XXIV

AL DÍA SIGUIENTE de la muerte de Tinacia llegó a la casa Mazón el doctor Sebastián, en compañía de Fayón, en el taxi de Caldús. No habían podido encontrar a Amaro hijo en toda la tarde del día anterior.

El doctor extendió el certificado de defunción.

—Paro cardiaco, es lo que se suele decir siempre en estos casos.

Tinacia había muerto sentada en su sillón, después de una cena muy morigerada, frente a la ventana abierta del salón. Inexplicablemente, el sillón —un sillón bastante pesado— había sido girado para situarlo de frente a la ventana, y así le encontró la muerte, con los ojos abiertos (sus pequeños ojos grises abiertos para siempre, después de que el doctor intentara inútilmente bajar sus párpados, como si la difunta en sus últimos momentos hubiera hecho un acopio final de decisión para contravenir las intenciones de su amigo) y las manos serenamente apoyadas en los brazos del sillón, mirando el campo.

La enterraron allí mismo, en una fosa que cavaron unos mozos de El Salvador, bastante profunda. Ninguno de sus parientes —sobrinos que quedaron en Región discutiendo cómo repartir las dos fincas de la peor manera posible para mantenerse en la miseria—asistió a su tránsito y no se ofició ninguna clase de ceremonia religiosa porque el párroco no estaba aquel día para abandonar su rectoría. La dieron tierra sin ataúd, su cuerpo colocado sobre tres tablas ensambladas y envuelto en una sábana blanca, que nadie se ocupó de anudar. La bajaron con cuidado pero en el último movimiento su cuerpo estuvo a punto de. deslizar por las tablas y asomaron sus pies juntos, calzados con unos zapatos casi nuevos, bastante antiguos, negros y con una tirilla abrochada a brillantes botones que parecían mirar por dónde escapar a su suerte. Antonio y un peón tenían sendas palas y el doctor cogió una. Antes de echar la primera paletada, el doctor dijo:

—Que la tierra te sea leve, Tinacia.

Luego descargó la primera paletada con tan mala fortuna que la mayor parte de la tierra debió caer sobre el cuello de la difunta, se corrió la sábana y asomó su cabeza, su cabellera blanca y lisa, su pequeña frente y sus ojos grises abiertos, sumida toda ella en una profunda anestesia tras una larga operación.

—Qué mirada —dijo Fayón—. Tendría que revivir.

—Baja tú a arreglar eso —dijo el doctor.

El mozo descendió apoyándose a pulso en las paredes de la fosa cuyo fondo pisó abriendo las piernas para no hollar el cadáver.

—Arregla la sábana —dijo el doctor.

Antonio cargó una pala y se la alargó al mozo manteniéndola horizontal. Lo hizo repetidas veces.

—Ahora por los pies. Vete distribuyéndola por todo el cuerpo.

Cuando hubo cubierto todo el cadáver con una bastante uniforme y delgada capa de tierra, el mozo subió de nuevo a pulso. Entonces Antonio y el mozo, cada uno a un lado de la fosa empezaron a rellenarla con rápidas paletadas, que caían a un ritmo constante; empero la de cada uno tenía su propio sonido, como los dos golpes diferentes de un mismo péndulo. No habían rellenado la mitad de la fosa cuando Antonio se detuvo y se irguió. Estaba sudando y se pasó la mano por la frente. El otro siguió. Fayón retrocedió para retirarse hacia la casa. Antonio dijo:

—Espera, no sigas.

El mozo también se detuvo, clavó la pala en el montón de tierra y apoyó sus antebrazos en el mango.

—Ya está bien así.

—¿Ya está bien así? —preguntó el doctor—. ¿No vas a llenarla hasta arriba?

—No —dijo Antonio.

—¿La vas a dejar así? —preguntó el doctor.

—Sí —dijo Antonio—. Así hay sitio para otro. Buena gana hacer el mismo trabajo dos veces.

En el salón, Fayón paseaba de arriba abajo.

—Yo no creo que pudiera mover el sillón —dijo—. Fíjate lo que pesa. Y ella no era nada, no podía con su bastón.

—Entonces es que se lo movieron —dijo el doctor.

—¿Y quién?

—Antonio, ¿quién otro podría ser?

—¿Y se lo movió estando viva o ya muerta? —preguntó Fayón.

—¿Y eso qué más da? ¿Nos vamos? —preguntó el doctor—. Se está haciendo tarde.

El mozo se alejaba por el camino de la casa con las dos palas al hombro. Antonio se había quedado en el centro del antiguo parterre, con los brazos caídos.

—Antonio, te quedas de nuevo solo —dijo el doctor.

Antonio alzó una mirada un tanto enigmática.

—Solo y fuera —dijo.

—Anda, vete a dormir un rato —sugirió el doctor.

Antonio levantó las cejas, con un gesto de cómico, pero no pronunció una palabra.

—Antonio —preguntó Fayón— ¿moviste tú el sillón de Tinacia?

—Claro, claro.

—¿Y para qué? —preguntó el doctor.

—¿Para qué iba a ser? Ella no lo podía hacer. Entonces ¿quién lo iba a hacer?

—Antonio... —el doctor vaciló, sin atreverse a seguir. Dio dos pasos por el camino, Fayón estaba delante. De súbito volvió sobre sí mismo y largó la pregunta—: Antonio ¿estaba ya muerta cuando moviste el sillón? ¿O fue antes de morir?

—Estaba a punto de hacerlo —dijo Antonio—. Sólo faltaba eso.

Una vez en el coche, de vuelta hacia Región a donde el doctor había sido invitado por su amigo, dijo Fayón:

—Lo que te quería decir es que han ocurrido cosas bastante pintorescas. El corazón del asunto no sé dónde está pero esa mujer tiene mucho que ver en él. Probablemente lo único que pretende es recuperar a su amante y hay alguien que le está poniendo un precio. Ese precio debe ser Medina.

—¿Medina? ¿El capitán? ¿Un precio?

—Sí. Medina estorba. No sé muy bien a quién pero me consta que estorba. Durante años ha jugado a paladín de la justicia y sabe cosas. Ese coronel Olvera, a quien nadie ha visto, resulta que es pariente lejano de Chaflán, y eso Medina lo sabe.

—¿Y qué hay de malo en saber eso? Los periodistas sois terribles. Si no veis intrigas por todas partes no estáis contentos —dijo el doctor.

—Mira, Medina tiene mucho tiempo libre y lo emplea en su mayor parte en hacer justicia. Entre otras cosas, Medina se sabe el Código Civil así —Fayón frotó la yema del pulgar derecho contra los otros cuatro— y actúa como consultor. ¿Tú sabes lo que es el retracto?

—No —dijo el doctor.

—Bueno, pues se cuentan por docenas las veces que Medina ha intervenido para decir al paisano: no hagas eso, ándate con ojo, mira que te van a engañar, lo que te conviene es esto otro. No vendas.

—¿Al paisano? ¡Pues sí que no son finos!

—No tanto como te figuras porque cuando ven dos pesetas, en una tierra que lleva un siglo sin producir, se vuelven bizcos. No sé por qué, dentro de la jerarquía militar hay alguien empeñado en no mover por el momento a Medina y hay alguien empeñado en que desaparezca Medina. De todo esto me tengo que enterar; vaya que si me entero. Le han echado varios anzuelos pero hasta ahora no ha picado; el último, el Doria. Trajeron a la Tacón para engatusarlo pero no lo consiguió; entonces, una vuelta más al tornillo. Se llevaron a su amante ¿y qué pasó? Por primera vez Medina no es capaz de encontrarlo. Ahora la mujer pide a gritos que se lo devuelvan y alguien, desde Región o Madrid, le está poniendo precio al hombre. ¿Tú sabías que también la han dejado sin la niña, esa criatura que no se separaba de ella, de la que se decían tantas cosas? Por si tenía dudas, el otro día escuché una conversación telefónica de la Tacón con Madrid que fue todo un primor. ¿Sabías tú que Amaro anda metido en el lío de la fuga?

—¿Amaro? ¿Amaro hijo? —preguntó el doctor.

—No, Amaro padre. Sí, Amaro padre.

—¿Te consta?

—No es que me conste; lo sé.

—Ales, en ese caso las cosas son más pintorescas.

—No sé qué quieres decir, Daniel —dijo Fayón.

—Que no son sólo pintorescas. Son más que eso.

—¿Qué más?

—Son crímenes —dijo el doctor.

—¿Crímenes? ¿Qué clase de crímenes?

—Pues de la peor clase; ya te puedes figurar.

—No sé qué quieres decir —dijo Fayón.

—Por favor, Ales.

—Ahora no te sigo, Daniel. Que caiga muerto el general Cavalcanti si ahora te sigo.

—He prometido no decirlo.

—Pero ¿qué es lo que tú sabes?

—Júrame que no lo dirás a nadie. Por todo lo que más quieras, júrame que no saldrá de ti. Haz el uso que creas conveniente de lo que te digo pero, por favor, júrame que no lo dirás a nadie. Va mucho en ello.

—Por favor, Daniel, ¿por quién me has tomado?

—La hija menor de Amaro fue violada el mes pasado. Yo creo que en los mismos días de la fuga, ahora que lo pienso.

Fayón sólo acertó a decir:

—Carajo.

XXV

—Te lo puedes guardar —dijo Amaro—. No quiero ese dinero.

La Tacón no dejó de balancearse ni de abanicarse, ajustando su mirada sobre Amaro al movimiento de la mecedora.

—Pues ahí está —dijo la Tacón, señalando el sobre, bastante más delgado que como lo había recibido—. ¿No era eso lo que querías?

—No.

La Tacón tuvo un arrebato y se levantó de un golpe de la mecedora que siguió balanceándose a un ritmo más rápido y sonoro.

—¡Pues en qué quedamos, joder! ¿Es que tengo yo cara de idiota? ¡A mí no me quieras tomar el pelo, eh! ¡Que tú no me conoces! ¡Que a mí nadie me toma el pelo! ¿No querías el dinero? ¡Pues ahí lo tienes, leche! Trae a la Chiqui y ya te lo puedes llevar. ¡Y que no se te ocurra volver a aparecer por aquí!

Amaro no perdió su compostura.

—Te puedes guardar ese dinero. No lo quiero para nada.

—¿Qué es lo que quieres entonces, leche? ¡A ver si te aclaras de una vez! ¿Qué es lo que quieres?

Amaro respondió con calma:

—Al hombre que te lo trajo.

La Tacón volvió a tomar asiento en la mecedora. Parecía aligerada, aliviada del peso de una intolerable incertidumbre.

—No me lo ha traído nadie.

—¿Cómo te ha llegado?

—Me lo han enviado por giro.

Amaro cogió el sobre y lo consideró por ambas caras. Lo echó de nuevo sobre la mesa camilla.

—No vengas con cuentos —dijo—. Esto no te ha llegado por giro. Te lo han traído en mano.

—Me lo ha traído un botones —dijo la Tacón, una Tacón con ganas de juego—. Un botones del despacho del señor Peris.

—¿Dónde está?

—¿Quién? ¿El botones? Se ha vuelto en metro. Se iba a quedar aquí, a charlar un rato contigo. De quinielas, no te jode. ¿A ti qué te parece? —la Tacón se rió de sus propias palabras—. A ti te gustan mucho los botones, ¿verdad?

—Termina de una vez —dijo Amaro— o termino yo.

—Venga, trae a la Chiqui y coge ese dinero. Termina de una vez, es lo que yo digo. Menos gaitas.

—Menos gaitas —repitió Amaro—. ¿Tú quieres volver a ver a la Chiqui entera?

La manera con que lo dijo dejó a la Tacón sin la menor posibilidad de seguir bromeando.

—Entonces —siguió Amaro—, dile al que te lo trajo que se presente aquí.

—No quiero líos en mi casa. Bastantes problemas tengo ya.

—Dile que se presente aquí. Si lo que quieres es volver a ver a la Chiqui.

228

La Tacón pareció hacer un cálculo, como si por primera vez considerara la conveniencia de una transacción muy cara.

—¿Y si no quiere venir?

—Te quedas sin Chiqui.

—¿Pero tú estás loco? —Una vez más la Tacón libraba sus últimos combates antes de doblegarse—. ¿Y quién me asegura a mí que va a venir?

—Ya te arreglarás.

Ensayó una táctica diferente.

—No creas que se chupa el dedo, el niño.

—Yo no creo nada —dijo Amaro.

—¿Y si vienen dos? —preguntó la Tacón.

—Mucho mejor —dijo Amaro.

La Tacón se dejó invadir por su afán por dar órdenes. Tal vez uno de sus pocos puntos débiles era su apetito de mando. Era, en busca de su provecho, lo que antes la persuadía. Por eso, nunca podía resistir a la idea de satisfacerlo.

La Tacón fue a su dormitorio del que volvió con un papel en la mano que dejó encima de la mesa:

—Firma ahí.

—¿Qué es eso? —preguntó Amaro.

—Tú firma, déjate de historias —la Tacón, dueña de sí dentro de los límites a que había sido reducida, le respondió con sus propios métodos—. Si quieres que venga ese hombre, firma ahí.

Amaro inclinó su cabeza hasta llevarla a un palmo del papel que logró leer sin entender nada.

—Firma ahí y déjate de historias —repitió la Tacón.

—¿Dónde? —preguntó Amaro.

—Ahí, en la parte baja del documento —dijo la Tacón.

—¿Donde dice «En Región», a ver, «a no sé cuántos

de julio de, déjame ver, de mil novecientos cincuenta
y tantos?»

—Sí, ahí; firma ahí —dijo la Tacón, encendiendo un
cigarrillo y cruzando las piernas.

—No hay sitio —dijo Amaro.

—¿Cómo que no hay sitio?

—Quiero decir, en el documento.

—¿A ver? —la Tacón se levantó intrigada y se acercó a leer el papel—. ¿Cómo que no hay sitio? Firma ahí,
ahí —dijo, señalando con la uña pintada de su índice
la parte baja en blanco de la cuartilla.

—¿Debajo del documento? —preguntó Amaro.

—No, hombre, no: aquí, aquí —señaló de nuevo la
Tacón.

—Pues eso —dijo Amaro—, debajo del documento.

La Tacón se volvió maestra.

—No, hombre, no; a ver si me entiendes, el documento es todo, tanto el papel como lo otro.

—¿Qué otro? —preguntó Amaro.

—Pues eso —dijo la Tacón, el documento.

—Ya —dijo Amaro.

—Anda, firma ya, condenado; firma de una vez
—dijo la Tacón.

—¿Cómo? —preguntó Amaro—. ¿Con mi nombre
de pila?

—¿Pues cuál otro puede ser? —preguntó la Tacón.

—Quiero decir: con mi nombre de pila o con el del
documento.

Rosario Vicente, la Tacón, reflexionó.

—Yo creo que será mejor que firmes con el nombre
del documento.

—Ya —dijo Amaro, y se dispuso a firmar con un
bolígrafo. La Tacón se arrimó a él y le puso una mano
en el hombro.

—¿Tú con cuál prefieres? —preguntó.

—Mujer —dijo Amaro, con el bolígrafo en el aire—, yo preferir, lo que se dice preferir, prefiero hacerlo con el nombre de pila.

La Tacón le dio una sonora palmada en la espalda, se volvió y apoyando su coxis y sus manos en el borde de la mesa y cruzando los tobillos, largó una voluminosa chupada.

—¡Pues firma con tu nombre de pila, joder! —le aconsejó la Tacón, combinando una cierta familiaridad y una cierta apelación a su hombría. De nuevo se volvió cara al papel y apoyó su mano sobre el hombro de Amaro.

—¿Cuál es tu nombre de pila? —le preguntó.

—Amaro —dijo Amaro.

—¿Y el del documento?

—Amaro.

La Tacón se volvió, reincorporada a un tono más reflexivo que apasionado. Aspiró otra profunda bocanada.

—Pensándolo bien, yo creo —dijo, mientras exhalaba el humo— que será mejor que firmes con el nombre del documento.

Amaro firmó.

El coche se detuvo en el cruce. Primero se apeó el pequeño y el que lo conducía descendió después, tras cerrar sus puertas y observar a través de los cristales si había olvidado algo y todo quedaba en orden. El pequeño se frotó los dedos, adelantó las manos y echó a andar hacia el Doria. El otro le llamó.

De la esquina surgió Amaro, con la escopeta bajo el brazo, apuntando al suelo. El pequeño no le vio en un principio y fue andando hacia él; a medida que avanzaba el cañón de la escopeta de Amaro se iba alzando, tirada de un hilo invisible que el rubio fuera cobrando. El otro dio una voz y el rubio se detuvo.

El rubio se detuvo, dio un salto atrás y metió la mano en el bolsillo. Una piedra del tamaño de un puño le pegó en toda la cara, perdió el equilibrio y cayó sobre el brazo derecho, con la mano en el bolsillo. El otro echó a correr y se refugió detrás del coche. Las postas del primer disparo de Amaro rompieron el cristal de atrás y rebotaron sobre la capota. El segundo se lo metió en el muslo izquierdo al rubio. Le puso la bota encima del brazo y con la escopeta hizo una seña en dirección al coche. El otro, a gatas, había acertado a abrir la puerta y agazapado arrancó el coche a medio embrague, dejando una nube de colorete.

El peón sujetó los brazos del rubio por detrás. Tenía toda la mejilla colorada, un agujero en el pantalón y una pequeña pistola de 6 milímetros había caído al suelo. Lo arrastraron hasta la cuesta y lo ataron al tronco de una encina, que abrazó por detrás. No quería mirar.

Se acercó Amaro, con la escopeta en la izquierda y echando al aire la pequeña pistola.

—Esto no dispara —dijo Amaro.

—Quítale el seguro —dijo su hijo.

Amaro no acertó.

—Hay que meter la bala en la recámara —dijo el rubio, como si quisiera evitar que la maltrataran—. Echa el cargador hacia atrás.

Amaro lo hizo así.

—¿Cuántas balas lleva?

—Seis —dijo el rubio, con cierto orgullo.

Amaro disparó hacia el monte con el brazo extendido. Se escuchó el sonido de un muelle que amortiguaba y de una próxima carrasca saltó una esquirla de corteza.

—Ahora quedan cinco; la segunda es para ti, muchacho —dijo Amaro.

El rubio giró la cabeza para no verle. Amaro le metió la punta del cañón bajo la barbilla y el otro ladeó más la cabeza hasta tocar el hombro con su mentón. Amaro bajó la mano y el rubio volvió su cabeza para llevarla hacia su posición frontal, mirando a hurtadillas; entonces Amaro disparó; volvió a sonar el muelle y de la coronilla del rubio surgió un mechón de niño travieso, el pelo manchado de blanco y rojo. Sus ojos rodaron hasta bizquear pegados a la nariz, casi tangentes, como las bolas de un billar mecánico alojadas en su alvéolo al final de la partida.

—Trae el coche —dijo Amaro a su hijo—. Saca a la chica e ir metiendo a éste en el maletero.

—Jefe —dijo el peón.

—Te callas —dijo Amaro.

—Jefe —siguió el peón—. Vaya zapatos que lleva el tío.

—Pues llévatelos —dijo Amaro, cuando ya se dirigía hacia el Doria.

La Chiqui calzaba unas alborgas viejas que le venían grandes, vestía una faldilla de percal muy gastada y la misma blusa escarlata. Aunque tenía las mejillas tostadas, su cara había perdido relieve, sometida al proceso inverso al revelado.

—Anda, pasa —dijo la Tacón.

Amaro se volvió hacia el camino, en espera de la llegada del coche.

—¿Qué? —preguntó la Tacón—. ¿No te la has querido quedar? Demasiada hembra para ti, ¿eh?

Amaro la miró con desgana. El coche se detuvo,

Amaro hijo al volante y en el asiento de atrás el peón, mirando sus pies.

—Ya tengo una tonta; no voy a cargar encima con una puta —dijo Amaro.

La Tacón cerró la puerta de un golpe. La Chiqui seguía en pie.

—¿Qué haces ahí?

La Chiqui no respondió. La Tacón introdujo un cigarrillo en la boquilla y mirando alternativamente su punta y la Chiqui, le aplicó la llama de su encendedor de oro. Con la primera chupada le dio un revés a la Chiqui en la mejilla.

—¿Qué haces ahí, jodida? Vete a arreglar. ¿No ves que es muy tarde? Ya teníamos que estar allí.

XXVI

EL CAPITÁN no pudo reprimir su sorpresa al encontrar a la Tacón en el saloncito del piso de Válgamedios. La Chiqui tenía la cara tostada y había mudado completamente su aspecto, vestida como una chica formal, un tanto paisana y poco pintada.

—Siéntese, comandante, siéntese. No me esperaba usted.

El capitán tomó asiento en el pequeño sillón de siempre, que le tenían reservado. Mientras la Tacón hablaba, la Chiqui miraba hacia el balcón abierto a través de la rendija que dejaba la persiana y permitía ver un poco de calle y de cielo.

—He preferido acompañarla —dijo la Tacón—. Aunque no lo parezca, es tan tímida que ella no se habría atrevido. Le tiene a usted mucho respeto, pero que mucho respeto, comandante. Yo no sé qué le ha hecho usted. Me la tiene usted cambiada. Cuando me lo dijo la mandé al campo, a casa de unos amigos. Chica: vete al campo y descansa y no te preocupes más, que todo tiene arreglo en esta vida.

La Tacón cogió la barbilla de la Chiqui y colocó su cabeza en posición frontal, un poco alzada. La Chiqui carecía de cualquier expresión, como la niña ante el médico, mientras su madre larga todas las explicaciones.

—Mire usted qué carita se le ha puesto.

La Chiqui giró sus ojos hacia la ventana.

—¡Mujer! ¡No te pongas a llorar otra vez! —gritó la Tacón, cambiando el tono.

El capitán puso su mano sobre la rodilla de la Chiqui.

—¿Qué pasa, Chiqui?

—Pues pasa que se me pasa todas las noches llorando. Y yo le digo: vamos, mujer, que todo tiene arreglo en esta vida. Iremos a ver al comandante, las dos juntas. Ella no quería venir; ella es muy suya y le tiene a usted mucho respeto. Así que aquí nos tiene usted.

La Tacón encendió un cigarrillo, cruzó las piernas y estiró algo la falda de su traje rojo por delante de la rodilla.

—¿Pero qué pasa, Chiqui, te pasa algo? —preguntó el capitán.

—Pasa —dijo la Tacón— que está embarazada.

El capitán quedó desconcertado y cuando pudo adelantó medio palmo en su asiento.

—¿Cómo?

—Como lo oye usted —dijo la Tacón, echando el humo hacia el techo—. Embarazada. Em-ba-ra-za-da.

—¿Es verdad eso, Chiqui? —el capitán quiso poner dos dedos en su mejilla pero la Chiqui le rechazó, con un brusco movimiento de su cabeza, mirando la ventana.

—¡Pues no ha de ser verdad! —dijo la Tacón—. A ver si se cree que yo estoy de guasa.

—Pero...

—No hay pero que valga; ya ha tenido su segunda falta y ya me dirá usted. ¿No ve usted lo desmejorada que está? No pega ojo por las noches y se pasa el día llorando. ¿Cómo va a estar? Pero yo le he dicho: Chiqui, tú no te preocupes. Tu comandante es todo un señor comandante y estas cosas no hay más que una manera de arreglarlas. Cuando se es un caballero se es un caballero.

El capitán se puso en pie. Miró a la Tacón pero se le fue el ojo. Corrigió el paralelismo y volvió su mirada a la Chiqui, que no se la devolvió.

—¿No dices nada, Chiqui?

—Ella, ¿qué va a decir? Bastante tiene con lo que tiene ¿qué quiere que le diga? Pues que se ve la señora de un comandante y todavía tiene que hacerse a la idea. ¿No ve usted que todavía es muy niña, nuestra Chiqui? Que tienen que hacerse a la idea, qué quiere que le diga. Las cosas vienen como vienen.

El capitán se acercó al balcón; con gesto desanimado, apartó un poco la persiana y en el salón se hizo una mayor claridad. Se volvió hacia la Chiqui, que de nuevo desvió su mirada.

—Pero tú no dices nada —dio un paso hacia la Tacón, con cierta resolución e inició una pregunta—: ¿Y cómo sabe...?

La Tacón le adivinó y le cortó.

—Cuidado con lo que va a decir, comandante, mucho cuidado. Que mi Chiqui es mi Chiqui y aquí nadie ha faltado a nadie. Mucho cuidado, no confundamos. Yo sé muy bien quién es mi Chiqui y aquí no hay más cera que la que arde, comandante. Así que mucho cuidadito con las palabras.

El capitán fue hacia la puerta de cristales del saloncito y la entreabrió.

—¿Nos puede dejar un momento solos? —invitó a la Tacón.

La Tacón aplastó su cigarrillo en el cenicero, sopló por la boquilla que guardó en el bolso blanco, recogió éste y antes de ponerse en pie le hizo una caricia a la Chiqui.

—Vamos, criatura, levanta esa cara.

Cuando estuvieron a solas, el capitán se sentó junto a la Chiqui que en el mismo borde del sofá-cama siguió dándole la espalda.

—Vamos, Chiqui, mírame.

Forzada por su mano la Chiqui le miró sin ninguna expresión. En cuanto bajó el capitán la mano, su mirada volvió hacia el balcón.

—¿Cómo te encuentras?

Se encogió de hombros. Todavía no había abierto la boca.

—¿Es verdad todo? ¿De verdad estás embarazada?

La Chiqui hizo un repetido gesto afirmativo con la cabeza. No abrió la boca.

El capitán se levantó. Paseó por la habitación —tres pasos en un sentido y tres pasos en otro— con las manos a la espalda; con el puño de la izquierda golpeaba la palma abierta de la derecha, de manera muy sonora.

Se detuvo y dijo:

—Tiene razón. Todo se arreglará; todo tiene arreglo en esta vida. No tienes por qué preocuparte; todo se arreglará.

En un instante el capitán adoptó un talante más marcial. Incluso sacó algo el pecho.

—Todo tiene arreglo —repitió.

Se inclinó sobre ella, le dio un tímido beso en la

sien y salió, cuidando de cerrar la puerta cristalera.

Pasó por delante de los dos amigos, sin otorgarles más que un ligero cabezazo, y fue derecho a la conserjería a pedir la llave de su habitación. Subió los peldaños de dos en dos.

—Nuestro hombre tiene prisa —dijo Fayón.

El doctor no respondió. No debía importarle mucho. Su amigo seguía con la vista puesta en la escalera.

—Hay ahí un asunto de unos terrenos de la vega —dijo Fayón— que este hombre debe conocer. De alguna manera debe estar metido en eso. Esos terrenos van a tener mucho valor, sobre todo las huertas que están junto a la carretera a los dos lados del puente. Es la única dirección por la que puede crecer Región.

—¿Crecer Región? ¿Para qué? ¿Cómo va a crecer Región?

—Un día u otro crecerá y será por ahí. No creas que la gente no piensa en todo. Yo creo que Olvera, ese hombre que nadie ha visto, también está metido en eso, en sociedad con Chaflán. Han querido comprarlos al barato, como lo quieren hacer todo por aquí, y se han encontrado con unos propietarios que más o menos saben lo que valen sus tierras. No me extrañaría que Medina les hubiese abierto los ojos y que incluso se haya puesto en relación con una inmobiliaria de Madrid, dispuesta a pagar lo que hay que pagar. De eso me tengo que enterar. Y que Medina sea algo así como su agente. Ya sabes, la paga no da para nada.

El capitán Medina bajó con un pequeño maletín de cuero y pidió su cuenta al dueño que escribía con una antigua Remington, detrás del mostrador. El dueño se quitó las gafas y le miró extrañado.

—¿No se queda esta noche, mi capitán?

—No; tengo que estar de vuelta en San Mamud esta misma tarde.

—¿Ocurre algo? —preguntó el dueño.

—Nada, nada —respondió Medina—; cosas del servicio.

—La milicia —dijo el dueño.

Mientras esperaba que le hiciese la nota, se acercó Fayón.

—¿No se queda usted la noche del sábado, capitán? —preguntó.

Fayón suspiró.

—No; tengo que estar de vuelta en el fuerte.

—¿Mucho trabajo? —preguntó Fayón, queriendo barnizar su pregunta con cierta ironía.

—Cuestiones del servicio —respondió Medina, impaciente por recibir una factura cuya suma el dueño comprobó varias veces, que selló con un tampón, a la que pegó un timbre móvil sobre la línea de puntos, que extrajo del bloc tirando de ella con sumo esmero hasta llegar al timbre que cortó por la línea de puntos con unas grandes tijeras que extrajo del cajón de la mesilla donde escribía; que dejó en el mostrador mientras clavaba la copia de color limón en un pincho vertical que tenía otras ensartadas y que, al fin, el capitán abonó con un billete de cien pesetas, cuyas vueltas —en monedas— el dueño depositó en el mostrador, tras sacarlas de otro cajón. Sólo cuando el capitán dobló la factura y dejó una moneda como propina, el dueño se levantó y le alargó la mano por encima del mostrador.

—Hasta la próxima, mi capitán; que tenga usted buen viaje.

Cuando a través de la puerta giratoria vio al capitán acomodarse en el asiento posterior del taxi y llevarse la mano a la frente, Fayón dijo:

—Aquí está pasando algo, te lo digo yo. ¿A qué viene un hombre al mediodía del sábado, con un viaje de casi tres horas, para volverse a la media tarde, sin siquiera hacer noche en la habitación que ha tomado? Daniel, a mí no me digas que no es raro. Aquí pasa algo raro. Ya verás como yo me entero.

Cuando el capitán llegó al fuerte (al pasar por el Doria lanzó una mirada intensa, pero de soslayo) era pasada la hora de la cena. Sin embargo, tenía hambre y entró en la cocina donde el cocinero, un furriel y un pinche jugaban al naipe; se cuadraron temerosos, cogidos en falta. El capitán fue indulgente y el cocinero le preparó una tortilla y le calentó un vaso de leche.

El capitán apenas fue visto en el fuerte al día siguiente, recluido en su habitación (o merodeando por la montaña con su caballo o vagando por dependencias y pabellones semiabandonados), y al siguiente —que era un lunes— se presentó el recadero de Bocentellas para solicitar su presencia en el pueblo a causa de un asunto de la mayor gravedad.

El capitán salió del fuerte montado sobre «Obligar», acompañado de su asistente, aquel lunes al mediodía, tras haber confiado el mando de la fortaleza al sargento Mayoral.

A su vuelta el capitán decidió rehacer parte del camino e inspeccionar la muralla norte, bordeando el fuerte de San Marcial. Consultó el reloj; hacía más de media hora que la primera ronda de guardia habría hecho su recorrido. Hacía muchos años que un lienzo de la muralla se había venido abajo por un corrimiento de tierras y aunque el hueco se había protegido con una alambrada, todos en el fuerte sabían cómo colarse por allí en caso de necesidad de eludir la vigilancia. Arrendó a «Obligar» a un ailanto que había crecido al pie de la muralla —casi en la vertical se hallaban sus habitaciones— y trepó por la escombrera. En la explanada esperó un momento; a unos cien metros, sentado al pie de su garita, el centinela fumaba. Era una noche muy cerrada. El capitán cruzó hasta el otro extremo de la explanada para trepar al adarve de la muralla este y seguir hasta la primera barbacana. Se asomó; era más o menos el punto donde se habían apostado los que saludaron su llegada. Era un lugar del recinto poco frecuentado, ni siquiera por los veteranos que elegían los rincones más apartados para fumar su grifa. Encendió la linterna pero apenas distinguió nada: unas pisadas, una caja de cerillas vacía. De repente creyó oír el murmullo de una conversación, en la dirección de San Quintín. El capitán prefirió dirigirse a San Marcial, cuyo camino por el subterráneo le llevaba derecho a su pabellón.

El capitán se despojó de la guerrera y se echó la pistola al bolsillo.

Tenía la mano en el picaporte y escudriñaba el exterior por la rendija cuando la voz de Olvera sonó a sus espaldas.

—Capitán Medina.

Reconoció el timbre de una voz en las tinieblas, una tosecilla, un ejem. En la esquina apenas iluminada del corredor, Olvera le esperaba. Vestía de paisano, con una camisa blanca y pantuflas. Olvera le hizo un signo.

—Un momento, Medina, por favor.

Desapareció por el pasillo. Medina cerró la puerta y se acercó a la esquina del corredor. En el extremo, iluminado por la luz de su habitación con la puerta abierta, Olvera esperó a que asomara y cuando comprobó que le seguía se metió en su habitación. Cuando Medina asomó en el umbral, Olvera ya estaba sentado en un sillón de madera y cordobán, con las piernas extendidas y los pies cruzados, las manos entrelazadas y apoyadas en el borde de una mesa de San Antonio en la que no advirtió otra cosa que sus gafas de alambre de oro.

—Nuestro capitán vuelve por sus fueros —dijo Olvera con la mirada baja.

—No sé qué quiere usted decir, mi coronel.

—Un trasnochador, se está usted convirtiendo en un trasnochador, capitán Medina.

Medina abandonó su posición en el umbral y adelantó dos pasos hacia la mesa. Por una vez estaba decidido a dejar de lado los circunloquios y abordar de cara sus reproches.

—No más que usted, mi coronel.

—Hay muchas maneras de trasnochar —dijo Olvera, sin apartar su mirada del tablero. No dejó que el capitán contestara y añadió—: Se lo dije, capitán, un solo fallo y todo se viene abajo. La vida de la milicia es eso, una constante vigilancia, el mismo rigor en el cuartel que en la calle y en casa. A mayores dificultades, mayores exigencias. Capitán —dijo Olvera alzando la mirada lentamente hasta encontrarse con la de Medina—, me ha decepcionado usted.

Por una vez, Medina hizo una demostración de flema.

—Le ruego que se explique, mi coronel, si es que puede.

—Capitán, en esta ocasión puede usted recurrir a la insolencia. Comprendo que se halla usted en una situación comprometida y voy a pasar por alto sus desacatos. Tan sólo le encarezco que considere usted con el mismo grado de comprensión la difícil situación en que nos ha puesto a todos, y particularmente a mí.

—Mi coronel, contraviniendo órdenes superiores ha abandonado usted el fuerte en repetidas ocasiones y ha recibido visitas que no han sido autorizadas por mí. Me había propuesto no mencionarlo pero tal como usted plantea las cosas, debo recordarle que los primeros desacatos proceden de usted.

—No se vaya por las ramas, mi capitán. No intente usted rehuir la conversación con la mención de pequeños incidentes que no van a ninguna parte. Estamos tratando un caso muy serio del que depende, ni más ni menos, toda su carrera.

—¿Mi carrera? —preguntó Medina.

—Mi capitán, uno de los dos tendrá que apelar al código y prefiero que sea usted quien lo haga. Tan sólo trato de ayudarle. Me refiero, claro está, al código del honor. Lo he pensado muy despacio y creo que no tiene usted otra solución que solicitar la excedencia.

—No sabe usted, mi coronel, cómo le agradezco su ayuda... tan desinteresada —dijo Medina.

Olvera no reparó en sus palabras.

—El código no es nada —dijo—, si no sale de dentro. Y no puede imponerse sino a un sentimiento que concuerda con él. La disciplina no es más que la expresión de esa concordancia, capitán.

—Así es, nunca lo he dudado —dijo Medina. Apoyó su mano derecha sobre la silla.

—Lo que haga usted con esa mujer será exclusiva cosa suya siempre que no manche al ejército. Como caballero no puede usted hacer otra cosa que casarse con ella pero su condición la hace incompatible con lo que para nosotros debe ser la esposa de un oficial. Es lo malo de meterse en estos líos, capitán, nunca se sabe a dónde conducen. Si usted opta por casarse con ella tendrá que pedir la necesaria autorización y no podrá impedir que eleve un informe al respecto. Un informe que sólo será distinto en los detalles, si opta usted por una solución poco caballerosa. Por consiguiente ¿sería mucho pedirle que me explicara qué otra solución cabe, aparte de pedir la excedencia y abandonar la carrera de las armas? Una vez hecho eso, será usted muy libre de hacer lo que le dé la gana con esa mujerzuela.

Medina soltó la mano de la silla, la metió en el bolsillo, sacó la pistola del 9 largo, apuntó con calma al pecho de Olvera y disparó. En la camisa de Olvera, más o menos a la altura del corazón, surgió una mancha circular, como de tinta. Olvera quedó recostado sobre el respaldo de cordobán, con las manos sobre los brazos de madera, la cabeza caída sobre el pecho.

El capitán salió al corredor, se llegó hasta el vestíbulo y abrió la puerta. No parecía que el disparo, resonando en las bóvedas y asordinado por ellas, hubiera despertado a nadie. El capitán fue a su habitación y de un armario sacó un pañuelo limpio y blanco. Luego volvió a la habitación de Olvera y examinó el cuerpo. Era cadáver. Le alzó la cabeza. Lo separó del asiento, le palpó la espalda. La bala no había salido, alojada en el pecho, acaso en el mismo corazón. Le quitó las pantuflas y le desabrochó la camisa. Le limpió el reguero de sangre y haciendo con el pañuelo una suerte de tirabuzón se lo introdujo a presión en el orificio de entrada.

Dejó la puerta de su habitación abierta, apagó la luz del corredor. Cargó con el cadáver y lo llevó a su habitación cuya puerta cerró con llave. De nuevo en la habitación de Olvera, comprobó que dejaba todo en orden. Puso las babuchas al borde de la cama y sacó de un armario un par de zapatos.

En su habitación esperó la hora de la segunda ronda. Luego aguardó cosa de un cuarto de hora. Entonces abrió la ventana, escuchó por un momento y defenestró el cadáver hasta el pie del muro, no lejos de donde había atado a «Obligar».

Serían las tres de la mañana cuando llegó a la bodega. No le fue difícil hacer saltar el candado. Tan sólo se oía un mochuelo, que lanzaba un silbido en re, contestado de tanto en tanto por otro, en otra nota, procedente de un cercano olivar. Se había con anterioridad provisto de una cuerda y buscó una piedra que pesase más de una arroba. Tiró del polipasto; extrajo el cadáver del rubio y dejándolo colgado a un metro del suelo desató la tapa de hormigón y ató la piedra a sus pies. Lo volvió a izar y cuando lo tuvo situado encima de la boca de la pipa, soltó la maroma que le sostenía por debajo de los sobacos. El cadáver del rubio se sumergió y cuando la superficie del líquido amansó el capitán alumbró el interior de la pipa con su linterna; tan sólo se distinguía una borrosa mancha, como las heces del licor. Luego ató la tapa de hormigón a los pies del cadáver de Olvera y con ayuda del polipasto lo sumergió en la misma cuba.

Estaba amaneciendo cuando llegó a San Mamud, con la suficiente presencia de ánimo para pedir la novedad al cabo de guardia.

Una vez en su habitación, dejó la pistola encima de la mesa, la limpió y repuso la munición. Se sentó a la mesa y empezó a escribir en un papel de oficio, con el membrete del Regimiento. Miró de nuevo la pistola, se la llevó a la boca y tras un signo de asentimiento, la depositó de nuevo sobre la mesa. Era una mañana de bronce y el capitán prefirió no padecerla; entornó los postigos y sólo entonces reparó en la cama y en su insoslayable invitación al reposo.

XXVII

LOS HOMBRES SE REUNIERON aquella tarde, a última hora, en el establecimiento de Modesto. El primero en llegar fue Domingo Cuadrado, siempre quejoso de su mucho trabajo.

—¿Qué ha pasado con el juez? —preguntó.

—Nada. Allí han ido el señor Casiano y Carmelo con él —respondió Modesto—. Que yo sepa no ha pasado nada. ¿Qué demonio puede pasar?

—Aquí no pasa nunca nada. Anda, ponme una cerveza.

La tarde declinaba. Modesto se llegó hasta la puerta. En el cristal colgaba un letrero con representaciones de diversas clases de helados.

—Fíjate en la fuente.

—¿Qué le pasa? —preguntó Modesto, acercándose a la puerta.

—¿Es que no lo ves? Hoy echa más agua que el otro día.

—Yo la veo siempre igual —dijo Modesto, volviendo detrás del mostrador.

—¿Pero es que no lo ves? Te digo yo que hoy echa el doble de caudal que el otro día. Parece mentira que no lo veas.

Cosa de media hora después llegaron juntos Carmelo Vales y Carburo.

—¿Qué ha dicho el juez? —preguntó Cuadrado.

—Nada —dijo Vales—. ¿Qué quieres que diga?

Carmelo explicó lo sucedido, sin hacer referencia al cadáver que sería enterrado al día siguiente. Había quedado en la bodega, cubierto con una manta, y el señor Casiano se había comprometido a hacerse cargo del trabajo.

—¿Le mandamos aviso al capitán? —preguntó Modesto.

Por debajo del mostrador, Carburo dio un codazo a Vales.

—¿Habrá que decírselo? —preguntó Carburo.

—¿Qué quieres tomar? —preguntó Vales.

—Yo qué sé. ¿Qué tienes fresco?

Modesto no replicó, con la tapadera del frigorífico abierta.

—¿Para qué hay que avisar al capitán? Bastantes molestias le hemos dado ya —dijo Vales.

—Al capitán le gusta estar al tanto de esas cosas —dijo Carburo.

Por debajo del mostrador, Vales dio un codazo a Carburo. Entró el señor Casiano.

—Bueno, ya está arreglado todo —dijo.

—Eso estábamos diciendo —dijo Vales—. ¿Qué va usted a tomar, señor Casiano?

—¿Qué tienes fresco? —preguntó a su vez el señor Casiano.

Modesto recorrió con la mirada las botellas apiladas en el frigorífico.

—Bueno, pues a mí me vas a poner una copa del aguardiente del bicho —dijo Carburo.

Modesto se volvió para buscarlo en la estantería.

—¿De éste? —preguntó Modesto, señalando la botella de castillaza que contenía la salamandra.

—De ése, sí, de ése —dijo Carburo.

—Pues, ¿no querías tú algo fresco? —preguntó Vales.

Modesto le puso delante un vaso que era todo cristal verdoso y lo llenó de aguardiente.

Carburo enseñó todos sus dientes. Mojó los labios.

—Ea —dijo y se echó la copa al cuerpo de un trago—, a ver si me convierto yo en millonario.

—Bueno —dijo Vales—, ponme a mí lo mismo.

Modesto volvió a alzar el brazo para alcanzar la botella. Cuando la colocó sobre el mostrador, preguntó:

—¿Y usted, señor Casiano?

—Pues, bueno, ya que va de aguardiente la cosa, ponme también una a mí.

Modesto no se inmutó. Sirvió las dos copas. Vales levantó la suya.

—A la salud del muerto. A ver si de ésta salgo yo ministro.

El señor Casiano levantó la suya. Los dos la bebieron de un trago.

—Y yo Jefe de Estado —dijo el señor Casiano.

NOVELAS GALARDONADAS CON EL
PREMIO EDITORIAL PLANETA